働くわたし

本の雑誌社

普通選挙権獲得からちょっと時間が空いて、
職業選択の自由、バブル期の雇用機会均等法へ。
近代から現代にかけて、日本の女性を取り巻く環境は大きく変わりました。
〝寿退社〟〝女性の社会進出〟なんて言葉が古びて聞こえる令和の今。

あのひとはどんなふうに働いているんだろう。

気になる14人の女性に教えてもらいました。
仕事選びの理由、働き方、これまでのこと、これからのこと。
それぞれのやり方で道を切り開いてきた働く女性たちのインタビュー集です。

働くわたし　目次

福本奈津子（十勝ばんえいクリニック）　獣医　8
田口玲子（OZO BAGEL）　ベーグル店店主　20
早瀬真夏（亜細亜印刷）　印刷機オペレーター　32
柚木和代（J．フロントリテイリング株式会社）　関連事業統括部長／執行役常務　42
椎名ゆかり　海外マンガ翻訳・研究　56
土器屋由紀子（認定NPO富士山測候所を活用する会）　NPO理事　68
五十嵐友理（鷗来堂）　事務　80
石田由美子（東京開智法律事務所）　弁護士　90
五味洋子（五味醤油）　老舗に生きる　五味醤油の母と娘　100
五味雅子（五味醤油）　老舗に生きる　五味醤油の母と娘　111

梅村由美（SCAI THE BATHHOUSE）キュレトリアル・ディレクター 116
松倉宏子（鷗来堂）校閲者 126
鹿毛静穂（肉とハーブ マツノヤ）代表兼オーナーシェフ 136
小倉和子（ヘアーサロンオグラ）理容師 146

働くわたし ブックガイド

働くわたしの来た道 山本貴光 158
原田マハを読む 佐藤寛子 173
均等法世代のつぶやき ムラタ タカコ 179
谷洋子の知られざる生涯 佐藤寛子 184

働くわたし

獣医

ばん馬に首ったけです

福本奈津子（十勝ばんえいクリニック［帯広競馬場内］）

去年（二〇一八年）の四月から、帯広競馬場内にある十勝ばんえいクリニックで働いています。車で十五分ちょっとのところに自宅があって、夜でも緊急の連絡が来たら対応します。朝八時から午後は三時ごろで一段落（勤務は五時まで）、月曜から金曜の平日勤務です。

帯広は馬とともに土地を開拓してきた歴史があって、畑を耕す農用馬を走らせて始まったのがばんえい競馬です。

ばんえい競馬は1トン前後の大型の馬（ばん馬）が重りを乗せたそりを引き、スピードや技を競い合う、世界に一つだけのレースなんです。競馬場の中は小さな村みたいなところで、敷地内に厩務員さんや調教師さんたちが家族と共に暮らし、馬の世話をしています。クリニックは院長の荒井先生と私の二人で、競馬場内にいるばん馬約六百頭の診療を預かっています。一頭の馬を診るのは獣医一人と厩務員さん一人の二人がかり。一日多くて三十頭いかないぐらい。ばん馬はかわいいんです。大きな馬体と温厚な性格のギャップが魅力です。

目指せ！　動物のお医者さん

中高生の頃に『動物のお医者さん』という漫画が流行っていて、北海道だ！　獣医だ！と帯広畜産大学に進学しました。もともと動物が好きで幼稚園の頃から獣医師になりたかったんですけど、それは犬や猫のことです。牛や馬みたいな大動物には興味がなくて、大学ではほとんど触れないまま、単細胞の原虫という寄生虫を研究していました。獣医師の資格を取り、就職は大きな組織で社会性を学びたいと考えて農林水産省へ。入省してすぐに結婚、出産となり、産休と育休で休職していました。休職中に夫の転勤で帯広に住んでいたんですけど、休職明けに、帯広にある農水省管轄の家畜改良センター十勝牧場に異動になりました。三十歳の時です。その後三十三歳の時に内部異動による部署替えがあり、ここで初めて馬に接したんです。私はデビューは遅かったけれど、初めて接した馬の治療が面白くて、一気にはまりました。ここで九年半ほど勤めました。

私は公務員だったので、転勤の可能性がついてまわります。家も家族の暮らしも帯広にあるから、転勤になったらどうしようと常に、気になっていました。それと、管理職への道が開き始めていたけれど、現場から離れたくなくて。公務員だからこそできる仕事は沢山あったけれど、今度は公務員ではできない仕事もしたくて、公務員を辞めて、十勝で民間獣医師として働こうと決めました。公務員退職後はワークライフバランスも考えた再就職先に行く予定だったのですが、どうしても三十歳を過ぎてから知った馬の治療を続けたいという気持ちがありました。そこで、かつてばんえいで開業していた獣医師の元で勉強させてもらっていた経験もあったので、現在の新しいクリニックでアルバイトをしたいと希望を申し出ました。すると、現在の院長である荒井先生から、クリニックも人手が不足しているので正社員として採用したいと声をかけていただきました。私は馬との付き合いは長い方ではないし、競馬にも、馬具にも詳しくない。まだまだ勉強しないといけないことがある。現場で自分の努力が実を結ぶのを見届けたかったんです。中央の行政に携わるよりも、目の前の問題を解決したかったんですね。

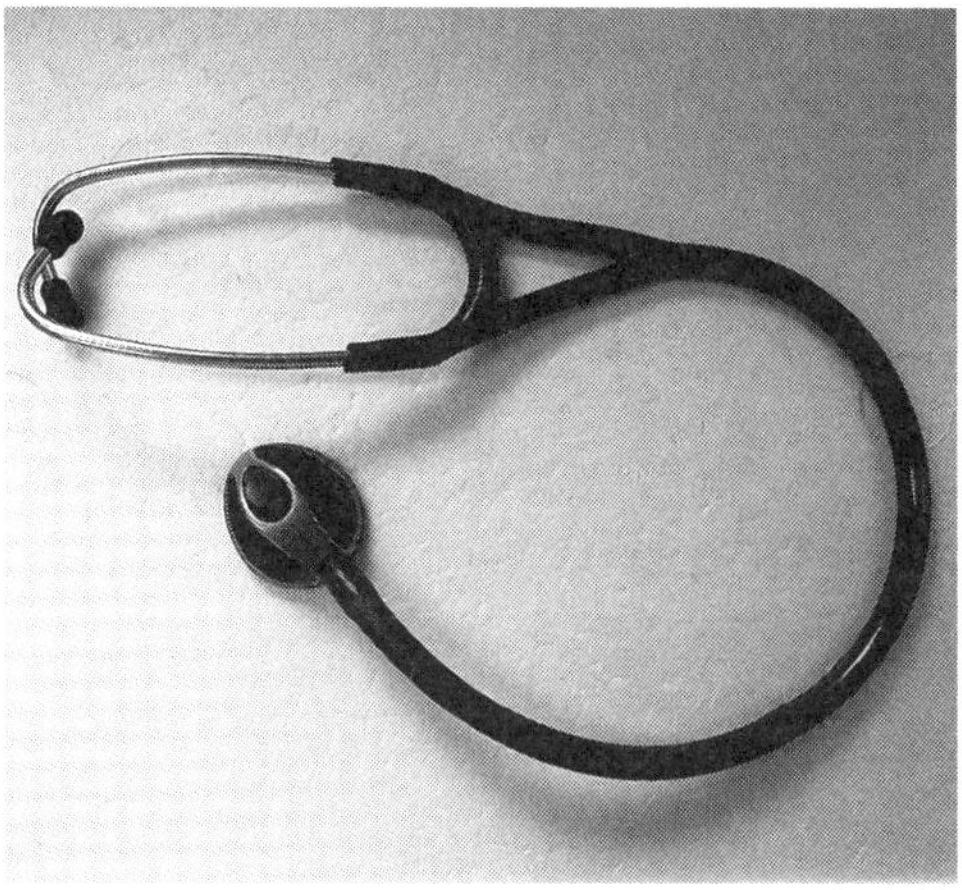

ここならではの治療

ここは特殊で、ばんえい競馬は世界で一つ、ばん馬の病気も世界で一つ。というのも、身体の大きさが倍ほどもあるばん馬には、サラブレッドや一般的な馬の常識があてはまらないことが多いんです。サラブレッドの治療法そのままではなく、ばん馬に合うように応用して当てはめていかないといけません。普通の馬とは症状の出方が違う、病気の場所も違います。画像診断は脂肪に挟まれてエコーが届かない場所が多いし、レントゲンも筋肉がぶ厚すぎて写らないことがある。こうなると、五感に頼る治療がかなりの割合を占めてきます。触診、聴診、目つきや顔つき、馬の雰囲気から状態を読み解くんですよ。こういう時は東洋医学が多いに役立つこともあります。ばん馬の診療のやりがいと面白みはこんなところにもあります。

ばん馬はそりを引くために体重が必要だから重量級。サラブレッドは体重をしぼりながら速く走るけど、ばん馬は重い荷をふんばって引く。ご飯は草だけではなく、栄養価の高い濃厚飼料も食べさせています。イメージとしてはお相撲さんのちゃんこ鍋ですね。消化のバランスがうまくいかないと、お腹が痛くなったり、蹄が悪くなってしまいます。

馬の腸は動きやすい構造をしているので、内臓がねじれたり変位してしまっていたらお腹を開いて手術をしてもらうしかないです。その場合は、だいたい帯広畜産大学に馬運車で運び込んで診てもらっています。ばん馬は大きいから手術台から落ちてしまいそうで、手術中にずっとおさえていたこともあります。入口でつっかえちゃうことも。大学と連携が取れていて助かっています。

馬の鍼治療

馬のパフォーマンスを良くするのに役立てばと、去年一年間かけて伝統的中医学をまなび、中国鍼のライセンスを取りました。治療の一環で馬に鍼を打ちます。人間でも最近言われていますが、西洋医学と東洋医学の得意なところを採用する統合医療ですね。馬用の鍼は日本にはないので、人間用の鍼の一番太くて長いのを使っています。鍼治療で鍼を打ったり電気を流してあげたりすると元気になるんです。もちろん骨折を治すようなことはできないけれど、何となく不調だ、力が出ないといった慢性の体調不良などに威力を発揮します。

鍼は、祖母が鍼灸師だったので昔から興味がありました。家畜改良センター時代に牛と馬と羊を診ていたんですけど、牛の繁殖管理で鍼が効くという話を聞いていて。その後、馬の医療の世界に鍼師がいると知りました。なんと日高にいらっしゃるんです。去年、その先生が講師になって開いてくれた講座に参加して、鍼を教えてもらいました。

鍼治療は獣医師免許がないとできません。私が学んだ中医学の大元はアメリカのフロリダにある学校で、馬への鍼治療は世界的に広まっています。自分がしてあげられる治療の幅が広がって、馬を楽にしてあげられることも増えました。薬に頼らないでも治せるというのは、競走馬にはとてもいいんですよね。

馬は気持ちが表情に出ます。性格もいろいろ。おっとりした馬からカンの強い馬まで個性があります。馬も病院に来るのは嫌いなので、なかなか病院の中に入らなくてそのやりとりはかなりありますね。注射とか痛かった記憶が残っているので。でも馬の相手がつらいと思ったことはありません。

とにかく病気を治してあげたい。競走馬生命を全うさせてあげたいですし、痛みから解放してあげたいです。つらそうにしているとかわいそうですから。獣医にしかできないことだと思うので頑張っています。

診るのは病気の治療だけじゃなくて、レースで力を出すために、疲労回復のお手伝いもしています。パフォーマンスの向上のために元気が出る点滴をしてあげることも。人間がにんにく注射をするのと似ています。馬の点滴は一回で四リットルぐらい。ぽたぽたではなく、ジャージャーと全開で流します。必要であれば多い時は三〇リットルでも入れちゃいます。馬体が１トンあるし、血管もホースみたいに太いんですよ。

公務員時代に培った人脈はフルに活用しています。学会や講習会にも顔を出して、馬の仲間を増やして。それがいろんなところで活きています。馬の獣医は数が限られていることもあって、同業者のつながりは強いんです。困った時には助けてくれる。仲間意識が強いんです。

都会にいると産業動物の獣医に巡り会う機会はあまりないけど、十勝にいるとけっこう同業者に出会えて、情報交換ができていいですね。

自分が新しく知り得た知識や技術を現場に還元して結果が出るとうれしいですし、馬も喜んでくれます。自分のやる気がいい方向につながっていくのを実感しています。

柔軟に危険を避ける

大きな馬が相手ですけど、力任せにするようなことはあまりなく、技術的になんとか対応しています。言うことを聞かない馬を引っ張っても、絶対こっちが負けてしまいますし。「小柄なのに」とよく言われます。たしかに、もうちょっと身長があればと思うことはありますけど、踏み台を使うとか技術的にカバーするとかで何とかなります。昔だったら力技で対処していたことも、今は、鎮静剤や麻酔を上手に使えば大丈夫。技を磨けば乗り越えられるんです。

ここ数年は意識して体を鍛えないとと思いつつ何もできていなくて。まだいっぱいいっぱいですね。朝ごはんを家族で食べて、片付けて、自分がいちばんに家を出て。勤務後に買い物をして、子どもたちを塾に送って、ご飯の支度、と。それがトレーニングになっているかも。

楽な職場ではありませんが、まだ大きなケガをしたことはありません。自分で自分に針を刺してしまったことはありますけれど。クリニックは基本的に馬にとってはいやなことをされるところなので、慎重に対応しています。いつも馬との距離を考えていて、危なそうなポジションはぜったいに取らないように、自分の逃げ道を確保してうまく交わします。ケガをしてしまったら仕事が出来なくなるので、細心の注意を払って無理はしないようにしています。私、ビビりなんです。それがいいのかも。

馬は賢いので、不快だからやめてと合図をすると悪いことはしなくなります。人の心臓を読むと言われているぐらい、環境への適応能力と情報収集能力に長けているんです。とくにばん馬はデリケートなんですよ。

出来ることはどんどん手をつけていきたいです。身体も脳も動かなくなっちゃう。若いころに比べて記憶力も鈍ってきていて、去年の鍼の勉強はけっこう苦労しました。

将来的には、私も病院を開院して診療所を二つにしたいんです。六百頭も馬がいるのに診療所が一つでは足りていないと思うんです。診療所が増えれば獣医も増えて、お休みも融通の利く形で取ることができるようになります。お互いに協力しながらばんえい競馬を支えていけるんじゃないかな。

ゆくゆくは一般の馬の生産牧場さんにもまた足を運んで、お手伝いしたいですね。馬を診る獣医が少なくて困っているみたいで。向こうでは繁殖や仔馬の治療があります。馬は一年に一頭しか産まないので仔馬はとても大切なんです。

獣医として働きはじめた頃は、女だからか若いからか、アテにされていないなあと感じることがありました。でもあんまり気にしていませんでしたね。仕事で結果を残していけば信頼関係があっという間に築かれ、どんどん頼りにされるので。今年は若い女の子がばんえい競馬のジョッキー希望で、厩務員からの見習いで入って来てくれています。職種は違うけれど女性が増えてくると心強いです。体力勝負の世界だし、大きな馬の世話は大変だと思うけど、みんな頑張ってほしい。応援してます。

馬を診始めて一〇年近くになりますが、まだ序章ですね。ここにない機械や薬の知識も増やしたい。世界に一つのばんえい競馬で、ここの診療所でどんなことをしているのか、こうやってばんえいの競走馬を支えているということに面白味を感じてくれる若い人を待っています。

ばんえい競馬を応援してくれる方が、地元だけではなく全国にもいるんです。引退したばん馬がＰＲ馬として各地の競馬場などに行くと、ＰＲ馬のファンがたくさん来てくれます。ここの馬たちがなるべく快適に競馬をできるように支えていきたい。なによりかわいいんですから。

引退したばん馬で今は広報馬として活躍中のミルキー号と。
仲良しです

ベーグル店店主

理想のベーグルを目指して

田口玲子（ＯＺＯ ＢＡＧＥＬ・東京日本橋箱崎）

二十年くらい前、初めてニューヨークに行ったときにベーグルに出合って、一目惚れでした。噛み応えがあって、満足感のある食べ応えが魅力で、旅行中、朝食はいつもベーグルをかじっていました。帰国後に日本でもベーグル屋さんを探したんですけれど、あのずっしり感はなかなかありません。ニューヨークスタイルのベーグルを販売しているお店は限られていて、入手が難しい。お取り寄せで失敗することもあって、それなら、と自分で作りはじめたのが最初です。

ベーグルはユダヤ発祥のパンで、特徴としては、生地にバター・砂糖・卵・牛乳は使いません。バターやクリームチーズは生地に練り込むのではなく、挟んで食べる文化。ニューヨークでのベーグルは、総菜パンではなく食事パンなんです。

最初のころ作っていたのは手ごねです。でも、手ごねでは物足りなくなって、ニーダー（生地こね機）も買って。もちろん家庭用の量でしたが、自家製酵母を作ったりして、本格的に。パン作りは無心になれるのがよくて、子どもが寝た後によく作っていました。

その後、夫の仕事の都合でニューヨークに移りました。ベーグルの本場であるニューヨークにいるのだから、ベーグル屋さんで修業をしたい、と動き始めました。元々、リタイア後にベーグル屋さんを開けたらいいなぁと、漠然とですが思っていたんです。こんなに苛酷な労働環境とは知らなかったので。

ご縁があって名店エッサ・ベーグル（Ess-a Bagel）で修業をさせてもらえることになりました。

ニューヨークで学ぶ

エッサでの修業はベーグル作りの師匠がいる時間に合わせてです。師匠を待つ間は店頭に立ってサンドイッチを作ることもありました。どちらかというと夜の方が多かったので、子どもをベビーシッターさんに預けて出かけていました。師匠はその日に必要なベーグルを作り終えるまで、一日二十時間でも働くような方でした。

師匠のスケジュールに合わせて私のスケジュールも決まります。彼がいないことには製造の現場を知ることはできません。生地を作るところから成形まで見て覚えて、マンツーマンで教わって、最後の方は私のベーグルも店頭に並んでいました。ベーグルは成形に一番技術が求められます。理想とする大きさとみっしりした形を実現するのは熟練の技なんです。オーナーは亡くなってしまいましたが、エッサの師匠とはウマが合って今でも連絡を取り合っています。

ニューヨークにいるときは趣味で作るのはやめて、その時間をベーグルの食べ歩きにあてていました。ベーグル屋さんはいっぱいあるけれど、好みのベーグルと好みでないベーグルがあって、ニューヨークでもそうなんだということに驚きました。友人と話していても、人によって好きなベーグル屋さんは違うんですね。私の中でも、サンドイッチならここ、トーストで食べるならあそこという風に違います。ちょっとした弾力の差や外側の固さ。だから名店と言われるお店がたくさんあるんですよ。

私の理想のベーグルは、手に持った時にずっしり感があるのはもちろん、生地に密度と噛み応えがあり、外側のカリッと感とツヤを備えたものです。

スプレッド（クリームチーズ）の作り方もエッサで教えてもらいましたが、お店で出しているのはオリジナルです。ニューヨークと同じ素材は揃えられないのもありますが、私好みに変えています。

店を始める

帰国してから開店まで、準備期間は一年ぐらいでしょうか。店舗として出合ったこの場所はオフィスだったので、ガスを引いたりと工事に時間がかかりました。厨房の奥あたりにはまだオフィス時代の壁が残っています。

お店のロゴデザインは和田誠さんに手がけてもらいました。店名は息子の言葉から。二人の息子はどちらも「ぞう」が付く名前です。下の子がお腹にいるときに、上の子が「名前はおーぞう君がいいな」って言っていたんです。下の子は他の名になりましたが、お店を開く時に三番目の息子という思いで「おーぞう＝ＯＺＯ」としました。それから象さんは大きいので「大きなベーグル」という意味も込めて。

二〇一三年に帰国して二〇一四年に開店、今年（二〇一九年）の十二月で五年になります。開店したての頃はまるまる一個のオーダーサンドイッチしか作っていませんでした。ニューヨークではハーフサイズは売っていません。ニューヨークスタイルにこだわりがあったので、この立地じゃなかったら今もこだわっていたかもしれないです。ここはオフィス街で、お昼時に並んで下さっていたお客様が、十三時直前になったらサーッといなくなったことがあったんです。ランチを食べ損ねたのでは……と反省して、ハーフサンドの作り置きを始めました。

オープン当初は火、水、木、金、土の週五日営業でした。当時はスタッフを雇っていたんですけれど、スタッフが辞めた時に、妹と私の二人の体制にしました。営業は週四日ですが、お休みの日にも仕込みをしていますし、手の行き届かない分や事務作業をしています。

お店があるときは、朝五時台に起きて、六時過ぎにはお店に入るのが理想ですね。家族の朝食と長男のお弁当を作ったりしてからなので、どうしてもぎりぎりになってしまいますが。帰宅は、子どもにご飯を食べさせたいので十九時前後に店を出て、必要な時は二一時ぐらいまで家で過ごしてからお店に戻り、0時過ぎまで作業をすることもあるような生活です。子どもに手がかかる間は今のペースでいきたいです。

お客様とともに

子どもの頃からけっこうなオタク体質なので、初めて食べた時に「おお!」と感激した体験を支えに作り続けています。自分の理想とする形に作り上げていく楽しさがありますね。一日に作るのは十数種を計四百個ぐらい、長期休暇前になると七百個ぐらいに増やします。手で成形して、サンドイッチを作るのも、固いベーグルを切るのにも力を使うので、どうしても利き腕の右手に負担がかかってしまいます。生地づくりには体調が影響するので、体調管理には気を払っています。なかなかうまくコントロールできないんですけど、湿布は欠かせません。

睡眠不足で注意力が欠けてしまうということに、この仕事をして実感しました。今までちゃんとできているつもりだったけど、意外と穴があったのかもしれないと自分を見なおすきっかけにもなりました。

営業日の睡眠は四時間ぐらいです。定休日も仕込みがあって、お店は休みでも私は休めない。それもあって、たまに大型のお休みをいただいて体調を整えています。子どもと触れ合う時間も作りたいですし。

お店は自分が正しいと信じる方向に、お客様の声をとりいれながら頑張っていくとそれなりに反応をいただけると思うんですけれど、育児ってそうはいかない。私だけが頑張ってもしょうがなくて、空回り……。それがまたおもしろいんですけど。

妹には主にスプレッドやサンドの仕込みを任せています。新しいスプレッドを作る時でも、同じ食生活で育って来たからかイメージを共有しやすいです。妹も料理が好きで、サンドイッチの具材を考えるのが楽しいみたいです。

お客様に支えていただいていますね。私たちの手が届かないところを、たくさん助けていただいています。並んで待っている間に常連さんが初めての方に注文の仕方を教えてくださったり、お先にどうぞと急いでいるお客様に譲ってくださったり。

楽しみ方いろいろ

具材がたくさん入っているベーグルサンドは、上からかじったり、下からかじったり。包んでいる紙は具材がこぼれない用です。紙をめくりながら味わっていただけたら。分解しないで食べていただくことを想定してつくっています。分解すると収拾がつかなくなっちゃいますから。

私がベーグルと出合った二十年前と比べると、ベーグルはずいぶん浸透してきていると感じます。十五年ぐらい前に出張でニューヨークに行ったとき、カーネギーデリでベーグルサンドを頼んだら、ハンバーガーを頼んだ同僚に「どうしてニューヨークっぽいものを頼まないの?」と言われたんです。私はニューヨークだからベーグルサンドをオーダーしたんですが、一般的にはそういうイメージなのだなと。

今は日本でも、ご自分でアレンジされる方が増えてきました。もっともっとご自宅で楽

ベーグルを切るナイフ。たくさん揃えています

しんでいただけるよう広めていきたいですね。ベーグルは熱々が一番おいしいので、ぜひ温めてから食べてください。お店では焼き直し方の詳しいペーパーをお配りしているので、参考にして欲しいです。

スプレッドは、思いっきりたっぷり塗ってください。薄く塗っていると味わいが半減してしまいます。実は塗るのと挟むのとでは同じスプレッドでも味わいが違って、挟む方がおいしいんです。そして、サンドイッチは挟みたてがいちばんです。

バタートーストと目玉焼きという朝食スタイルもおいしいので、お勧めです。エッサでの修業時代、師匠がよくシナモンレーズンベーグルのバタートーストにシナモンシュガーをかけて、休憩に誘ってくれました。

ベーグルのある生活

エッサの店頭で、どうやって注文していいのかわからない日本人観光客の方が少なからずいました。みなさん冷えたベーグルを買ってそのままかじるか、サーモンサンドか、クリームチーズのサンドか。自分でオリジナルの注文をできるようになったらニューヨークの街も楽しくなると思います。店員さんとのコミュニケーションも生まれて。人とどうかかわるかって旅の醍醐味のひとつですよね。まずはうちのお店でいろいろ試してみて、オ

ロゴデザインは和田誠さん。ドーナツと象がキュート

ーダー方法に慣れて欲しいですね。

「ニューヨークで食べたけどあまりおいしくなかった」なんて感想を耳にすることもあって、せっかく行ったのにもったいない！　おいしいベーグルと出合えたら、帰国後、日本でも同じメニューを食べただけで楽しい思い出もよみがえってきますし、何よりいい思い出になればまた行こうと思えますから。

日本でももっとベーグルが生活に根付いたらうれしいですね。食パンとはいいませんが、バターロールぐらいの位置になれたらいいなと思います。

目の届く範囲で

お店を辞めたいと思ったことはないですが、疲れたなと思うことはあります。そんな疲労も、単純ですがお客様から「おいしい」と言っていただくと吹き飛んでしまいます。お客様の言葉が、私たちの糧になっていて、もっと頑張るぞと思えるので、本当にありがたく感じています。お客様のベーグル愛を伺ったりできるのも、ベーグル好きの私にとって楽しく、とても励みになっています（当店だけでなく、ベーグル全体への愛も）。今はこの店舗規模が私に合っていると思っています。自分の目の届く範囲で、自分がよしとしたものを並べていたいので、当分は今の規模でいきたいです。

常に理想のベーグルを目指していて、粉などの配合はオープン時から何度か変えています。今も、良いと思う粉があれば、変える気でいます。自分が理想だと思うベーグルを目指して精進の日々です。それは、この先も変わらない部分だと思います。

OZO BAGEL　東京都中央区日本橋箱崎町32—3　1F（東京メトロ水天宮前駅近く）

印刷機オペレーター

印刷のおもしろさ、みんなに知ってもらいたい

早瀬真夏（亜細亜印刷）

長野市内の商業高校を卒業してすぐに入社して、ずっと印刷機を動かしています。今年で五年目です。卒業したら就職するんだろうなあぐらいの気持ちで高校生活は過ごしていて、高校で紹介してくれた就職先の一つが亜細亜印刷でした。学校の先生が、同じ高校の卒業生が女性の印刷機オペレーターとして働いていて、技能五輪という国際大会で金メダルを取ったことを教えてくれたんです。その先輩に憧れて、国際大会に私も出たい！　と入社を決めました。印刷のことは全然知らないし、興味もなかったのに。

入社して最初は一週間ずつぐらい各部署で研修をします。色々と体験しながら工場でお手伝いさせてもらったときに、自分はここだと希望を出しました。

小学校は野球、中学は陸上部、高校では野球部のマネージャー。印刷は工場の中で立ち仕事や力仕事がけっこうあります。デスクワークよりこっちの方が向いてるみたい。自分は体を動かしてないとだめなんです。

憧れの先輩と

私が入社した時は印刷部は十人いて女性は輝かしい先輩、伊東真規子さんと私の二人です。先輩の補助について印刷のことを一から教えてもらい始めました。

マニュアル教科書はあるんですけど、読んで覚えられることでもなくて。見て学んだほうが覚えるのは早いだろうと現場で説明を受け、実際に印刷機に触らせてもらいながら徐々に覚えていきました。

高校の頃は電卓とパソコンばかりで機械に触るのは初めてでした。オフセットの印刷機は大きくて、身体全体を使ってのメンテナンスも大変です。でも細かい作業は好きなので、機械の調整で油で手が汚れてもそんなに気にならないです。見て実践して脳が覚えて、慣れて来た頃に教科書を読み「こういうことだったのか」と理解を深めます。教えてもらったことだけがすべてじゃないって、工場で言われているんです。誰かがひとつ間違ったことを言っているかもしれない。その答え合わせに教科書に戻って確定して覚える。日々、勉強しています。

二年間補助見習いをしてから機長（印刷機の管理者）の見習いに移り、3年経ったところでやっと機長として機械を任せてもらえました。

機械を持たせてもらえた時は、先輩たちが認めてくれたのが感じられて、うれしくて、そのうれしさが先に進むモチベーションにつながったかな。今でも先輩たちが教えてくれるのに助けられてます。

二年ほど前、一生忘れられない大きなミスをして、辞めたいと思いつかないぐらいどうしたらいいのか分からない状況に陥りました。他部署にも迷惑をかけてしまったし。そのときに先輩方が「次はこうならないようにどうしたらいいだろうね」って、次につなげて叱ってくれたことに救われました。夜も眠れないぐらいに落ち込んだんですけど、それでも踏ん張りどころというか。まだまだ2年、まだまだ3年って頑張って続けたおかげで今があります。

色を見る

機械は大きくてダイナミックだけど作業は繊細です。

技術が進んで、いろんなことがデータ化されていて、色も数値でかなりのところまで管理できるようになっています。一番発色よく見える数値は基準濃度として決まっているんだけど、基準濃度で印刷してもOKにならないことは普通に起こること。

色を判断するときは人の目が活躍します。人によって見え方もちがいます。自分がいいと思ってもお客様はちがうかもしれない。楽しいけど複雑な作業です。このデータならこう印刷されるはずというのは、いろんなデザインやいろんな紙で経験を積んで分かってくることですね。理想に近づかせるために、何をすればいいのか、作業のイメージが湧きます。ベテランさんに比べればまだまだですが。

技能五輪

二〇一七年に入社時の目標だった技能五輪に出場できました。日本代表の印刷職種で国際大会にも届いて、4位（敢闘賞）入賞です。夢が早々に叶っちゃって。

技能五輪の実技は、制限時間内に規定の絵柄を刷るというもの。時間は早かったか、きれいにたくさん刷ることが出来たか。刷版、インクを入れる作業、機械のメンテナンス。データを調整する必要もある。効率と仕上がりで審査されます。女性の方が力が弱いのが一般的だから力作業には時間がかかるかも。じゃあ違うところで短縮しよう、と動線を考え作業の効率化に気を配っていました。これって仕事にも反映されることなんですよね。

国際大会は中東での開催で異世界だったけど、通訳がついて仕様書も翻訳してもらうから、印刷することについては海外でも日本でも関係なかったです。

大会に向けて訓練をしているときに、何のために練習しているのかという話になって。技能五輪はゴールじゃないんだよと上司に言われたんです。終わってからが本番なんじゃないの？　って。そうだ、まだまだなんだなと思いました。今は技能五輪を通して積んだ経験を元に、もっと周りが見えて仕事が出来る人間になりたい、人間的に成長したいです。

職場に戻って、大会で学んだことをみんなと共有することで、いい方向に進むかもしれない。技能五輪があったから今でも勉強をしているし、まわりにも教えられるし。更に次の目標が生まれました。


私にもできます！

元々負けず嫌いなんです。少年野球では男の子に混じっていたので、「女の子だからできないよね」なんて言われるのはすごくいや。工場に入る時、「特別扱いは絶対しないでほ

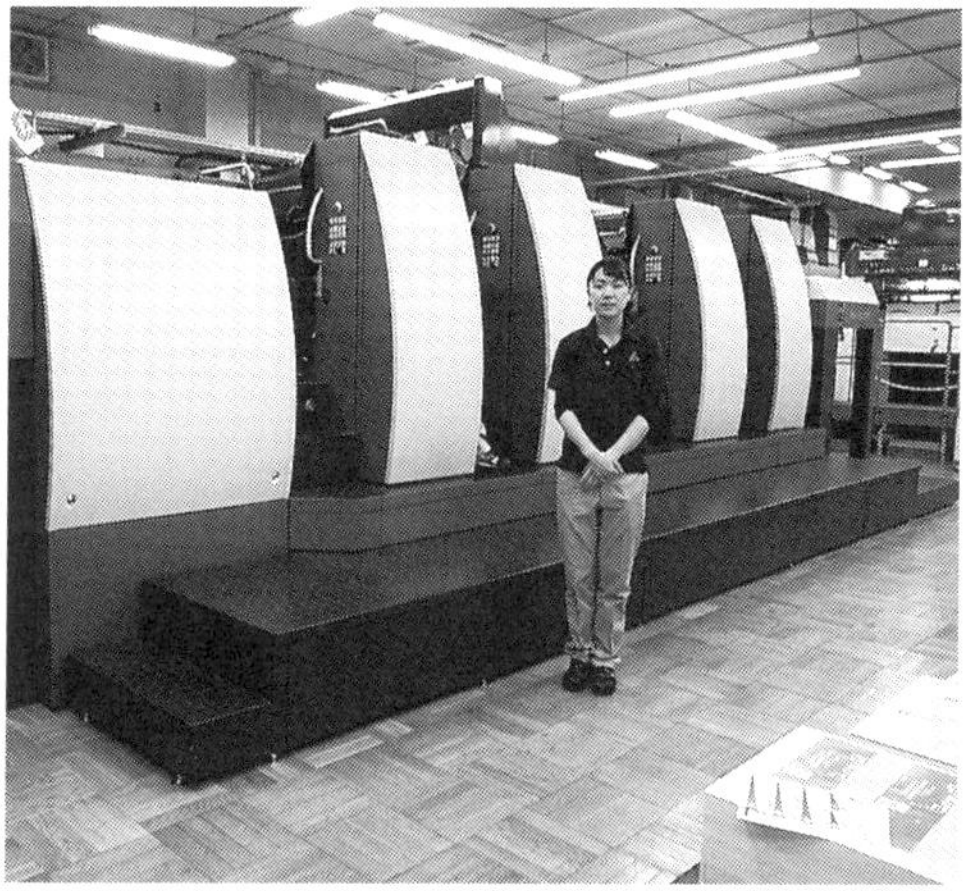

担当するオフセット印刷機。メンテナンスで走りまわっています

しい」とお願いしました。男の先輩ができるなら私にもできます。ちょっと時間はかかるかもしれないけれど、同じ人間だから！　って。

印刷の現場に女性はとても少ないんですけど、女性は向いていると思うんです。印刷は色を見るのがメインの仕事です。女の人は日頃からお化粧やおしゃれで繊細に色を見ているでしょう。

紙を積む

仕事の一つに「紙を積む」というのがあります。印刷用紙は大判で、四六全判になると幅が1メートル以上、両手を広げてひとつかみ持って、空気を入れて紙をならして積んでいきます。重かったら少しずつ積めばいい。紙を積むのはすっごい筋トレになります。最初の頃は筋肉痛で腕は上がらなくなるし湿布だらけでした。今では楽々です。紙を積んでいる時は周りの声も聞こえず、1時間も2時間も無心になって作業しています。

印刷屋にとって紙は命というか、紙でかなりのところが左右されちゃうんです。季節によって紙の状態は変わります。湿度が上がれば紙は波打つし、冬で空気が乾いていると紙が反りかえるし。そうなると乗せる色の感じも変わってきます。紙の状態が悪いと機械のトラブルも生むので注意を払っています。

なんでこんなにどっぷり印刷の仕事にはまれたのか。印刷はインクと水の反発で出来上がっています。インクと水のバランスがうまく合ったところできれいな印刷物ができ、うまくいかないと色むらや汚れの原因になります。実際にやってみて、自分が印刷物を作れることがすごく楽しくなっちゃったんですね。ミスして落ち込んで、心の中で泣くことも。でも、苦労して刷ったものをお客様から「いい色だったよ。よかったよ」と言ってもらえるとうれしいし、安心するし、次へのモチベーションになります。印刷は面白さとむずかしさ、複雑さが同居していて、いつも新しい発見があります。これからまだまだ見つかることがありそうです。

元々、読書が趣味で有川浩さんが大好き。本屋さんにはよく行くんですけど、この仕事に就いてからはデザインとかどんな紙を使っているのかが気になっちゃって。以前は中身しか興味がなかったんだけど、今は本に関わる全てが好きですね。この色は苦労したんだろうなあって店頭で感動しています。印刷って面白いんですよ。この面白さをみんなに知ってもらいたいです。

機械との対話

機械が動き出すとどんどん印刷物が刷り上がってきます。刷り上がるまで見張っていて、逐一、引っ張り出して色が変わっていないか、これから変わるかもと先を見越して印刷機を調整をします。機械によってクセはさまざま。千枚刷った中で色むらがでないように、機械と対話しながらの作業です。あまりぼんやりできないですね。

ここは印刷の最終段階です。毎回スタートボタンを押すときは緊張します。どれだけ慣れても、この緊張はなくならないんだろうなあ。

後輩女子と刷り上がりのチェック中

関連事業統括部長／執行役常務

楽しみながら成果を出す

柚木和代（J．フロントリテイリング株式会社）

兵庫県の西宮に生まれ育ちました。漫画や絵を描くのが得意で、高校生の時には美術系の予備校に通っていました。予備校で他校の友達ができたんですけれど、お小遣いを貯めて流行のお洋服を買っている子ばかり。ファッションに凝っていて、かなり影響を受けました。そのころはＤＣブランドブームの先駆けです。ビギにコム・デ・ギャルソン、破れたジーンズを履いて。みんな流行をキャッチするのが早かったですね。

大学でデザインを学ぶ

京都精華大学の美術学部デザイン科に進んで、グラフィック・デザインを専攻していました。今はパソコン上で作りますけど、当時はみんな手で版下を作っていました。広告の仕事に興味があったことから、百貨店（株式会社大丸）へ就職します。大卒女子の就職氷河期でしたが、大丸梅田店が開店した時だったので、女子社員だけでも五十人ぐらい入社したと記憶しています。当時としてはかなり珍しいことでした。

最初の勤務地は梅田店です。営業部から宣伝部に異動になり、ウィンドウや店頭のディスプレイを手がけていました。宣伝の仕事は楽しかったんですけど、仕事にもっと自分の意志を反映させられないかと考えていた時に、従業員食堂の「フランス研修生募集」という張り紙が目に留まりまして。募集要件の経験も年齢もまったく自分に当てはまらないんだけど、とにかく応募してみました。担当部署から「（募集要件を）ちゃんと読んでいますか？」と連絡があったくらいなんですが、なんとか合格、一年間研修生としてフランスに行かせてもらいました。入社五年目のことです。研修が終わり帰国して一年後、今度は正式な駐在員として労働ビザをもらって三年間フランスに赴任しました。

フランスでの駐在

フランス語はまったく触れたことがなかったので、渡仏前に語学学校に通って、かなり勉強しました。会話力が上達するとコミュニケーションが広がって仕事も楽しくなります。手のひらサイズの辞書をいつも持ち歩いて、会話中でもわからない言葉は都度調べていました。

駐在員の仕事は、展示会に行ったり、新しいブランドを見つけて日本に紹介したり。フランスはファッションだけでなく、食品も人気です。在仏中にはポール・ボキューズの日本進出に関わりました。ジバンシイのオートクチュール業務もありましたね。スーパーモデルとパリコレが大人気で、パリには最先端が集まっていて。刺激ある日々でした。

駐在を終え帰国してからは梅田店の営業企画部で販売促進などを三年ほど担当した後、マネージャーになりました。三十代半ばの頃です。管理職として売場に出て、住文化用品、文具、婦人服など、いろんな部署を経験しましたね。そして婦人雑貨子供服部長を二年務めました。社内で〃初の女性部長〃です。以降の私の肩書きはいつもこの「女性初」がついてまわります。当時、社内ではマネジメントも含めて必要なスキルは男女等しく手にできるようになっていました。その点、うちの会社は同業他社や他業種と比べても進んでいたようですね。

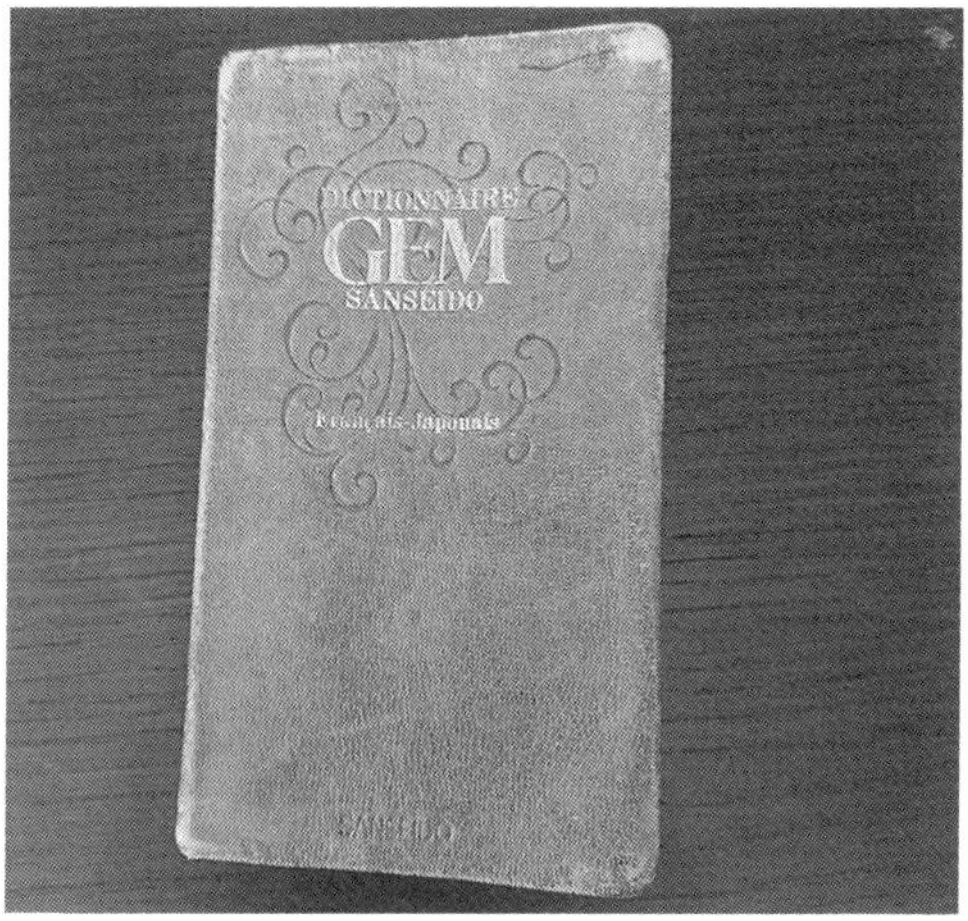

駐在員時代から愛用のGEMの和仏携帯辞書。「カバンには日本語の本とフランス語の本を一冊ずつ入れておいて、時間があれば読んでいます」

百貨店の仕事は、お客様のニーズを追求し、お客様が求めるモノ・コト・サービスをイメージして仮説を立てます。その仮説を支える商品を集めたりイベントを考え、サービスをする。反響をダイレクトに感じられるところに面白さがあります。

芦屋店の店長に

二〇〇四年、大丸芦屋店の店長になりました。それを『ライン』（西村しのぶ）という漫画で触れていただいて。ある日、出社したら女性店員に「店長、漫画に出てますよ」と教えてもらったのを覚えています。子どもの頃は漫画家になりたかったので、こんな登場が出来てうれしかったですね。

店長の仕事はお店のとりまとめです。業績の管理、売場づくり、人員はどうするのか。初めての店長職は不安もあったんですけれど、芦屋店では食品売り場の改装という大仕事があり、立ち止まっている時間はありません。今日覚えたことを明日すぐ使うようなスピードでした。社内だけではなく、お客様に取引先の方、みなさんが私の先生です。管理職だから机に座っていたらいいという時代ではなく、店長も毎日店頭でお客様と会話をして。現場に入って失敗して恥をかいて叱られて、分からないことは教えてもらって、もう一回やり直しての繰り返しでしたね。

『ライン』第４巻より

食品売り場の改装は十数年ぶりのこと。改装したすぐのころはご批判もありました。お客様にとっては改装前の売り場の方が慣れていたのにという意見をいただいては、シュンとなっていました。

でも芦屋店を離れてから数年後に神戸に戻った時、売り場の女性から聞いたんです。「お客様に、とても素敵な食品売り場に改装した店長が帰ってきたのね、と言われました」って。八年経って売り場がお客様に馴染み、また、ご不満に向き合い売場を改善し、時とともに受け入れられて褒めていただいたんだなあと実感しました。

うれしいお声がけ

芦屋では自分の原点の経験があります。ある日、お客様に「おめでとう」とポンと背中をたたかれました。きょとんとしていたら、「わからないの？　店長が来て今日で一年だね」。着任した時に女性初の店長とメディアにかなり取り上げられたこともあって、地元のお客様が覚えていてくださったんです。

以来、大変な時こそ、きっとどこかで誰かが見てくれている、そう思うようにしています。当社グループの百貨店には、合計で年間二億人もの方に訪れていただいています。お客様にとっての百貨店、百貨店の存在の意義を考えることがよくあって、「私、リテイル好きなんやなあ」とつくづく感じます。

着任して驚いたのは、店長はすべてを任せられるんです。もうちょっと役員や偉い人があれこれ指導してくるものと思っていたので、びっくりしました。こんなに私が決めていいの？　というくらい。自分が想像していた以上に自由裁量が許されていて、それが合っていたみたいです。

優勝セールの醍醐味

芦屋店で四年を過ごし、二〇〇八年に今度は札幌店へ異動になり店長を務めました。札幌店はお店の規模が大きく勢いがあって、そろそろ地域の一番店になるんじゃないかという時でした。従業員みんなに「一番店になりたい！」という目標があったので、志を一つに結束していましたね。一番店になり、自分たちに誇りもあったんですけど、札幌店は今度は追われる立場になります。でも、私が札幌を離れた後も一番店として伸びているんです。続ける大変さはよくわかるので、継続している店長さんたちにエールを送りたいです。

当時は、はまなすファイターズという女性のファン集団が北海道日本ハムファイターズの応援をされてましたね。私もよく球場に行きました。梨田さんが監督で、ダルビッシュもまだいました。

百貨店にとって地域の方々と一緒に盛り上がる大イベントが、優勝セールです。優勝セールは優勝した翌日からすぐに開催です。ぎりぎりのところで準備をして、何日に優勝するかをみんなで研究します。ピッチャーのローテーションなどから予想を立てて。生鮮食品もかなり扱うし、従業員の販売体制も整えないといけませんから。

新しい挑戦、新しい発見

店長職のやりがいがわかってきたころ、関西に戻り、神戸店の店長になりました。二〇一二年のことです。神戸店は芦屋とはまた違う歴史を持つお店です。旧居留地を含む周辺エリアを活性化するという神戸店の役割を理解しているメンバーが多く、みんなお店に誇りをもっています。

百貨店には中長期戦略があるので、店長が変わっても店が目指す姿は大きく変わりません。ただ、そこに至るまでの施策は店長ごとに違いが出るのかもしれません。富士山を登山するのにも、表から登る人、裏から登りたい人、いろいろですよね。

この頃は自分の引き出しから出すものが少なくなっているのかもという不安が少しありました。だから、インプットを増やすため、何が役立つかは考えず、いろんなことにチャレンジする機会を積極的に作りました。母校で非常勤講師をし、依頼を受け神戸新聞の夕刊に連載エッセイを寄せました。新しいチャレンジには新しい発見がたくさんありました。

博多のよかよか文化

さて、今度は九州です。二〇一五年に博多大丸の社長として赴任しました。最初は店長との違いが分からなくて、半年ぐらいは店長時代と同じ働き方をしていたのですが、まわりの方が社長として接してくださる中で、社長という立場が求められるもの、果たすべき役割が理解できるようになりました。

転勤するたびに感じますが、地域ごとに価値観や大事にしているもの、スピード感が違います。博多はよかよか文化で、ちょっとしたことは「よかよか」と気にしません。これは新鮮でした。

地元の人は地元ファーストですから、こちらもその地域のことを勉強するのが、うまくいくコツだと思います。福岡ソフトバンクホークスの応援をしに球場にもけっこう試合を見に行きました。優勝記念セールは三回ぐらいあったと思います。

博多には四年いて、送別会は球場のＶＩＰルームで開いていただきました。この土地にもすっかりなじみました。

土地から土地へ

転勤する面白さってあるんです。地域へ溶け込むとこんなふうにコミュニケーションが取れて楽しく過ごせるんだということを、転勤するたびに教えてもらっています。札幌でも福岡でも不安なく、楽しく過ごしてきました。

地元の方とのお付き合いが増えて、お取引先やお客様からのご紹介もあって。四〇代の後半からこんなに長く付き合う友人ができるとは思っていませんでした。あちこちに赴任していますが、北海道の方は九州まで訪ねて来てくださるし、北海道にいたら関西の方が来てくださるし、交流がどんどん広がっています。

今回、東京勤務が決まったら、東京出張に合わせて人を紹介してくださる方もいて。土地を離れるときは寂しくなりますけど、人間関係は全国、どこでもつながることができますからね。

新天地で

今年の春から東京の本部勤務になりました。覚えることばかりの毎日です。

店舗の責任者からはいったん外れました。長く現場にいましたから、今は一歩引いて見る時期でもあるのかなと思っています。最近は百貨店が厳しいと言われますが、おもしろいこと、楽しいことはいっぱいあるんですね。それをうまく伝えきれていないだけなんです。百貨店の魅力を我々がどこまで届けることができるのかというのが課題です。

東京はエンタメにあふれていて、大好きなロックのライブにたくさん足を運びたいですね。今、気に入っているのはMAN WITH A MISSION。ライブでは三時間ぐらい立ちっぱなしで楽しんでいます。

仕事のストレスは仕事で解消

新卒で入社して以来ずっとこの会社にいますが、社内で転職しているような感じです。いろんな部署に行って、いろんな地域に行って、様々な業務を担当して。

ストレスをどうやって解消しているんですかとよく聞かれますが、仕事で溜まったストレスは仕事以外で解消するしかないと思うんです。業績を落としたらもう一回業績を上げる、お客様からお叱りを受けた時は次にありがとうと言ってもらえるように頑張ります。

今に至るまで、キャリアや役職にこだわりはないんです。求めたというよりは、「チャレンジしてみたら?」とポジションを与えられては、こなしてきたのが私のスタイルなので、ひょっとしたらずっと受け身なのかもしれません。会社に甘えているところもあるかしら。

任された仕事で何か成果を出さないと消化不良になってしまうんです。自分で目標を決めて、クリアできるまでは未消化なので投げ出したくない、というこだわりはあります。気は短いけど、根気はあるんですよ。そして、どんな時でも大切なのは、「楽しみながら成果を出す」ことだと考えています。

「文房具を担当していたときにお餞別でいただいた万年筆。モンブランの太いペン3種。(右)エルメスのチューインガムケースをハンコ入れに。普段使うものこそいいものを使いたい」

海外マンガ翻訳・研究

海外と日本を繋ぐマンガの仕事

椎名ゆかり

今の私は英語を使った仕事をしていますが、実は大学四年生の初め英検三級に落ちているんです。就職活動で履歴書を書く時、特技欄に書くことがなくて、英検を受けることにしました。とにかく何かひとつでも「特技」を書き入れたかったので、中学卒業程度の英語力の英検三級なら落ちることはないだろうと思って受けたら、なんと落ちてしまったんです。そもそも英語は得意ではなかったので、その時はこれからも英語が苦手なまま、英語とは関わりのないままに生きていくんだろうなと思っていました。

ところが自分でも何を思ったか、ある時アメリカの大学院に進学しようと決めて、突如英語を勉強し始めたんです。しかも勉強を始めたら勢いがついてしまい、「渡米前に英検一級を取ろう！」と思ってしまって。今思うとなぜあんなに勢いがついていたかわからないんですが、毎日頑張りました。英会話学校に週一で通い、NHKのラジオ英会話とビジネス英会話は毎日欠かさず聴いていました。英検一級は日常会話に出てこないような単語がたくさん出てくるので、英検一級用の参考書をかなりぼろぼろになるまで使い込んで単語を覚えたりもしました。英検準一級まではそれなりにすんなり受かったんですが、一級は何度も落ちています。でも結局渡米前にはどうにか英検一級に合格して、同じ頃TOEICも満点に近い点をとることができました。

ただ、英語力について言えば、アメリカに留学していた大学院時代はつらかったです。英検一級をとっても最初の一年は自分の英語力では授業に全くついていけなくて、学校の講義はチンプンカンプンでした。ようやく先生の講義やアメリカの暮らしに慣れてきたのが、二年目の終わりぐらいの、もうすぐ卒業という頃。卒論をちゃんと書きたくて半年卒業を延ばしましたが、最後の半年は本当に楽しかったです。

ポピュラーカルチャー研究

大学院ではアメリカのポピュラーカルチャーを勉強しようと思い、ポピュラーカルチャー学部のある大学院に留学しています。ただ、大学院に入ったら、日本文化を研究している先生から、「アメリカ文化だとアメリカ人と比べて日本人の君は不利だから、違うことを研究したほうがいい。ちょうど今、日本のポピュラーカルチャーがアメリカで流行っているから、それを研究したらどうか」と勧められました。当時はちょうどアメリカでポケモンのゲームや日本のアニメやマンガ人気が盛り上がっていた頃です。私自身は子どものころ、普通にマンガを読んでいたけれど、一時期離れていて留学した頃はほとんど読んでいませんでした。でも調べるために読み始めたら思いのほか面白くて、すっかりマンガを好きになってしまいました。アメリカのマンガについての講義を受けたことで現地のマンガも読み始めて、日本のマンガもアメリカのマンガも両方同時に好きなったんです。

アニメもそれほど観ているほうではありませんでしたが、アメリカで観始めて好きになりました。特にお気に入りは『カウボーイビバップ』と『ＦＬＣＬ（フリクリ）』です。アメリカでは当時この二作は大人気で、日本での人気を超えていたと思います。意外に知られていないかもしれませんが、日本のアニメやマンガは、海外で国によって人気のある作品が違います。『ＮＡＲＵＴＯ －ナルト－』や『ドラゴンボール』は別格として、アメリカで人気があるのはゲーム関連のマンガで、「ポケモン」はマンガもよく売れています。

二〇〇〇年代にアメリカで日本マンガブームが来た時は『ナルト』人気が凄かったです

ね。やっぱり忍者ものだから人気なのかもしれません。「ジャンプ」作品の人気も安定してあります。

怖いもの知らずの売り込み

大学院で修士号をとって帰国した後、せっかく勉強したのだからアメリカで研究した経験を活かせる仕事をしたいと思っていました。でも自分でも何をしたいのか、よくわかっていなかったと思います。帰国してすぐの頃だったか、片面英語で片面日本語の履歴書を一〇〇セット抱えて、当時あった「東京国際アニメフェア」に行って、かたっぱしからブースで配って歩いたことがありました。今思えば、配られた方にはお仕事の邪魔をして迷惑をおかけしたんですけど、あの時は必死だったんだと思います。履歴書を配ってもほとんど反応はなかったんですが、一社だけ私の熱意を認めてくださって、その後フリーの翻訳者としてお仕事をくださったところがありました。『エヴァンゲリオン』で有名なガイナックスさんです。海外とのやりとりなど、社内的な翻訳のお仕事を一時期継続的にいただいていました。

他にも、職探しをして面接で落ちたりしながら、時間があったので、ものを書く訓練と思いブログを毎日アップしていました。ブログ名は「英語で！ アニメ・マンガ」。書いていたのは、主に海外における日本のアニメ・マンガ事情についてです。毎日最低ひとつ、記事を書くことを自分に課して、けっこう時間をかけて調べて書いていました。しばらくすると、アクセス数も増えて、ＹＡＨＯＯ！さんからブログの賞を頂いたりもしましたね。そんな頃、ブログを読んだ人から仕事のお声がけをいただくことが、ぽつぽつと増えてきたんです。例えば、文章を書く仕事や翻訳の仕事などです。声をかけてくださった人々や、ブログのコメント欄に書き込んでくださった方々の中から、今日に繋がる人脈を得ることができました。

今から思うと、帰国した時はなにか取りつかれたような感じだった気もします。今だったら履歴書を配り歩いたり、あれだけ時間をかけて毎日ブログに必ずひとつ記事を書くようなことはできないかなと思うんです。アメリカで修士号をとった後、博士課程に進みたいとも考えていましたが、それが様々な理由で叶わず、当時は何をやったらいいかわからなくて、思いついたことは全部やってみようという気持ちだったんだと思います。

国際新人漫画賞と、エージェント業のこと

この頃した仕事のひとつに、講談社の「モーニング」が主催した「モーニング国際新人漫画賞」のお手伝いがありました。国際新人漫画賞は、海外のマンガ家さんを日本でデビ

ューさせようという試みです。私は海外のマンガ家さんの作品を日本で紹介したいとずっと思っていたので、「モーニング」が国際的なマンガ賞を立ち上げるらしいという話を耳にして、知り合いの編集者さんに「モーニング」の人を紹介してもらって押しかけたんです。「モーニング」編集部のマンガ賞担当の方は、私が自分を売りこんだことを面白がり、賞のスタッフとして参加させてくださいました。この賞は二〇〇六年から一一年まで続きました。

この頃、海外マンガのエージェント業もしています。やはり海外のマンガ家さんを日本に紹介するにはどうすればいいかを考えて、彼ら、彼女らを日本でデビューさせるひとつの方法として始めたのがエージェント業でした。声をかけた作家の一人、フェリーペ・スミスを講談社「モーニング・ツー」の当時の編集長に紹介して、最終的に『PEEPO CHOO ピポチュー』という作品の連載までこぎ着けました。単行本は三巻まで出ていて、翻訳は私がしています。フェリーペ・スミスは来日し、二年半の間、日本で暮らしながら、他の日本のマンガ家さんと同じように担当編集者さんと打ち合わせも重ねて、マンガを描いていました。今でこそマンガのエージェント会社はありますが、当時はまだほとんどない頃で、「モーニング」編集部はよく私を受け入れてくださったと思います。今は自分には向いていないと思うに至り、エージェントの仕事はしていません。

翻訳者としての仕事

現在、日本マンガだけでなく、海外マンガに関係する色々な仕事をしていますが、メインは翻訳と文章を書くことです。翻訳仕事では、論文などを訳すこともありますが、基本的にはアメリカのマンガの翻訳をしています。今のところ、自分の持ち込みでの翻訳と、出版社からの依頼での翻訳が半分ずつぐらいです。よく翻訳している作品の幅が広いと言われます。自分ではあまり意識していないのですが、〝文学的〟な作品からSFやファンタジー、それにスーパーヒーローものも訳しているので、そう思われるのかもしれません。特にこのジャンルが好き、というのはなくて、どのジャンルにも好きな作品があります。

翻訳した作品はそれぞれに思い入れがありますが、翻訳者としてやっていこうと覚悟が決まったという点で、二〇一一年に刊行のアメリカのマンガ『ファン・ホーム　ある家族の悲喜劇』(小学館集英社プロダクション)は、思い入れのある一冊です。レズビアンの作者が同じく性的マイノリティである父親との関係を描いた回想録で、アメリカでは『ファン・ホーム』のような〝文学的〟マンガは「グラフィック・ノベル」と呼ばれたり、マンガという表現形式による回想録なので「グラフィック・メモワール」とも呼ばれたりしています。アメリカでの評価は高く、マンガの枠を超えて受け入れられている作品です。様々な賞を受賞し、著者のアリソン・ベクダルは今や知識人としても活躍しています。

Keith Giffen
キース・ギッフェン
Alan Grant
アラン・グラント
Simon Bisley
サイモン・ビズレー
DC COMICS
Fun Home
A FAMILY TRAGICOMIC
ファン・ホーム ある家族の悲喜劇
アリソン・ベクダル
この作品は読み込めば読み込むほどに「はまる」。
演出：小川絵梨子
FUN HOME
A NEW BROADWAY MUSICAL
2018年2月 東京・日比谷シアタークリエ他にて
http://www.tohostage.com/funhome
ミュージカル「FUN HOME ファン・ホーム ある家族の悲喜劇」原作コミック

刊行当時、日本では今ほどこういう題材が一般的ではなかったので、どう読まれるのか心配でしたが、その年の文化庁メディア芸術祭マンガ部門で優秀賞をとりました。

『ファン・ホーム』には様々な文学作品への言及が多く、凝った言い回しもあるせいか、時々「訳すのが大変だったのでは?」と聞かれます。でも訳していく過程で、作者がどれほど考え抜いて一語一語を選んでいるかがよくわかって、あらためて感動して楽しんで翻訳することができました。

ありがたいことに、色々な方に『ファン・ホーム』の翻訳を褒めていただいて、翻訳者としてやっていく自信が付きました。とは言っても、翻訳が褒められたのは、『ファン・ホーム』自体が作品として素晴らしかったからだと思います。『ファン・ホーム』は硬い表現も多いけれど、文章が論理的で端正なので、翻訳がよかったとしたら、それはもとの英語の文章が整っているからです。翻訳者さんによって翻訳のやり方は色々だと思いますが、私は作者の意図に沿って可能な限り原文に忠実に訳したいと思うほうなんです。作者さんからお借りして翻訳をつけているという意識があるので、翻訳も一〇〇パーセント自分のものという感じではないんですよ。

マンガについて書くこと

私自身がマンガについて記事を書く時は、作品論ではなく、マンガを巡る文化的状況について書くことが多いです。もちろん、マンガを読むのは好きですが、作品について語るよりも、たとえば市場の動向や、現在の市場状況になった経緯などについて興味があるんです。以前自分のブログでは、主にアメリカにおける日本アニメと日本マンガ事情について書いていましたが、同様に、「アニメ!アニメ!」さん、今は「クーリエ・ジャポン」さんといったウエブサイトでも、海外の日本マンガ事情についての連載を持っています。時々紙の雑誌などにも海外の日本マンガ事情やアメリカのマンガについて書くこともあります。

自分の専門はと言うと「アメリカにおける日本マンガの受容」と「アメリカのマンガ文化」ですが、現在は「日本におけるアメリカのマンガの受容」にも興味が広がりました。当たり前のことですが、海外における日本マンガを知るためには現地のマンガ作品やマンガ文化を知らなければならないし、日本における海外マンガについて知るためには日本マンガも知らなければならない。日本マンガについても、知らないことだらけですし。それに本当はアメリカのマンガ文化だけでなく世界中のマンガ文化も知りたいし、世界全体における日本マンガの受容状況も知りたい。そういうふうに考えているうちに調べる範囲がどんどん広がってしまい、ちょっと自分の手に負えなくなってきていますが、調べることは楽しいですね。

ツールとしての英語

二〇一三年から、東京藝術大学の大学院で非常勤講師をしています。講義名は「マンガ文化論」で映像研究科アニメーション専攻の大学院生が対象です。学生さんは研究者を目指すというより、作品を作るクリエイターなので、マンガについて色々考えてもらう機会になればと、様々な角度からマンガについての話をしています。海外のマンガを読んだことのない学生さんも多いので、講義中に海外のマンガを読んでもらったりもしますし、マンガ編集者の方をゲスト講師として招いてマンガ製作の現場について話してもらうこともあります。教えることは自分の勉強にもなるので、一緒に考えましょうというつもりで講義をしていますが、優秀な学生さんが多くて、とても刺激になります。

英語は今でも得意とは言えなくて、喋るのも聴くのも苦手です。でも、やりたいことや知りたいこととつながるので、ツールとして英語をがんばって使っています。これからも翻訳は続けていきたいですが、今まで調べてきたことや書いてきたことがたまっているので、それもいつか本にまとめたいです。

仕事道具はコンピュータで、今使っているのはサーフェス。軽くて使いやすいです。起動が速いので、ちょっとした時にも開いて文章を書いています。少し前までは、ポメラでした。ポメラは文字入力に特化していて、小型でサーフェス以上に軽くて起動が速い。膝の上で開いてどこででも仕事ができます。仕事に追われていた時は、電車移動の時間も膝の上で開いて仕事をしていました。電池で動くから、いざとなったらコンビニで電池を買えばバッテリー切れとは無縁です。愛用して使い倒しました。

NPO理事

今は富士山に夢中です

土器屋由紀子（認定NPO富士山測候所を活用する会）

富士山の山頂に富士山測候所（富士山特別地域気象観測所）という観測施設があります。気象庁の管轄で、アメダス観測をやっていますが、私たちのNPOがかなりの部分を借りて管理しています。夏の二か月だけ開所するので七月は開所の準備で大忙しです。今年も、御殿場の基地に準備のために足を運んでいました。

ミッションスクールに支えられて

今年、八十歳になりました。一九三九年一月三日が公式の誕生日だけど、生まれたのは前年の十二月二十六日なの。父は転勤族の銀行員で、私が数えで四つのときに東京から関西の上甲子園というところに移りました。中学と高校は地元の神戸女学院に通いはじめます。そのころはうちも普通だったんだけど、私が高校二年生のときに父が破産しましてね。銀行員をやめて自分で商売を始めたらうまくいかなくて、家の中は借金取りが貼った赤札だらけ。

母はPTAには一切参加しないような没交渉の人なんですけど、この時は突然、学校にきて「なんとかこの子を助けてくれ」と先生に頼み込んだんです。そうしたらアメリカ人の先生が「自分で働く気があるか」と、後輩への家庭教師を紹介してくれたり、毎週一〇ドルをいただける教会のドネーションをアレンジしてくださったりと助けてくれました。ドネーションは、毎週違う方から一〇ドルをいただいて英語でお礼の手紙を書くというもの。アメリカ人の先生が添削してくれてありがたかったわ。おかげで英語の手紙は得意です。お礼を書く相手はいつも違う方なので、おもしろかったです。「私はボーイフレンドもいません。真面目な学生です」なんて書くと「おしゃれをしてこうすればモテるに違いない。娘のお古を送ってあげよう」と返信をいただいたり。神戸女学院はミッションスクールということもあって支えていただきました。弟は少し前から東京の叔父に預けられていて、私は母とふたりで夜にそーっと出て行って、大阪でアパートを借りて暮らしていたんです。

理系を目指す

その後、私は女学院の寄宿舎に移りました。本を読むのが大好きで、図書館の本を片っ端から読んでいました。女学院はいわゆるお嬢様学校で当時は大学を受験しない方も多かったんです。その頃は大学に行くことがいいことかどうかわからない時代で、よくできる人は大学に進学しないんですね。短大か高校を卒業してすぐに就職し、お嫁に行くのが王道ですから。

私は高校生の時に親が破産したものですから、私立である女学院の大学にはとても進めないし、他は受けようがなくて浪人して国公立を目指すことにしました。高校二年の時に、「受験するんだから、本気だから！」って友達に宣言したみたいです。

私は理系が得意というわけではなかったんですけれど、「理系に行くと言えば許してもらえるだろう」という考えがありました。学校の物理の先生が「君たちは物理を勉強するより良い家庭を作りなさい」なんて、今だとちょっと問題のある発言なのですけれど、適当にいい点をくれていたこともあって、できると思っちゃったんです。

高校を卒業してから上京し、浪人しました。両親は東京にアパートを借りて生活を立て直していたので、私も身を寄せて。久しぶりに家族が一緒に集まりました。母は昔は大正モガだったような不思議なパワーのある人で、働いて私を予備校に通わせてくれたんです。このときだけはしっかり勉強して東大の理Ⅱ類に合格しました。本番に強いみたい。

東京の大学と生活

私は神戸の女子校でのんびりしていたから、東京に暮らしている人たちが将来のことを真剣に考えているのにびっくりしました。樺美智子さんがひとつ上という学生運動が盛んなころです。話題は「世界情勢がどうのこうの」と、とてもついていけなくて。ＥＳＳというクラブ活動では、他学部の女子学生と会うことができ、他愛もない話をするのが気持ちがほぐれる時間でした。

大学の専攻は農芸化学です。農芸化学は宮沢賢治のイメージぐらいで、あまりよく知らないままに入ってしまいました。はじめは作物生産のための「肥料」研究をしていました。ちょうどそのころの日本は高度成長期に差し掛かっていて。「放射能でラベルした鉄や銅をトレーサーとして植物の吸収をしらべる」のが卒論のテーマです。教授が原子力共同利用の農学部の草分けで、放射能を利用した研究をしていました。実験のために、水の入ったバケツに稲を入れて、上野から常磐線に乗ってはるばる茨城の東海村まで運ぶんですよ。

原子炉から出て来たての半減期の短い核種を使って、徹夜で稲に吸わせる実験をしました。今はあんな乱暴なことは出来ないと思いますけれど、楽しかったです。

親兄弟を養うために就職したかったんです。でもまだ女は会社にいらないという時代でした。高度成長期で就職はよかったので、男子はみんな就職してしまい、大学の助手のポストが余ったので雇ってもらうことに。大学では同僚が、結婚しても辞めるもんじゃない、子どもができたら産休を取る権利があるはずだ、といろいろ言ってくれて助けてもらいました。産休や育児休暇をとりつつ、十五年助手を続けましたね。先輩の技官の女性は「あなた、せっかくそこに座っているんだから、いるだけいなさい」って。いい人たちに恵まれました。学科では私が女性の助手の第一号でした。

その後、気象研究所に七、八年いたのちに気象大学校に十年ほど。私は気象は全然詳しくないんですけれど、環境放射能を測定している地球化学研究部が気象研究所にあったのでそこへ行きました。それと気象大学校では化学を教えていました。

測候所の存続を

富士山測候所とは気象庁にいたころからの付き合いになります。気象大学校の学生と山頂で雨を採取して酸性雨の研究をしたのがはじまり。初めて富士山に登ったのは一九九〇年です。もともと登山は好きでしたが、富士山は見て楽しむ山でした。このときも一度登ればもういいわと思っていたんだけど、結局、三十年近くのお付き合いになりました。

気象大学校では毎年夏に富士山に登って学生の卒論を指導していました。当時は、測候所はレーダーでの観測がメインなので、雨の調査は隅っこに間借りするような感じです。

二〇〇〇年代に入ると測候所の閉鎖が持ち出されるようになります。気象衛星技術の開発が進んで、測候所のレーダーは不要になったんです。ただ、レーダーは不要になっても、測候所は富士山頂での観測拠点として貴重な場所です。山頂は大気サンプルの化学分析に適していて、酸性雨や大陸から飛んでくるものを調べるのに便利な場所であることも分かってきたんです。ＰＭ２・５の観測にも重宝されています。

山頂の観測

高いところは空気が早く飛んできます。山頂は標高が高くて周りの空気がきれいだから分かりやすいんです。標高の低いところでサンプルをとると余計なものが混ざってしまいます。

それほど重要な観測所ですが、結局は気象業務では使わないものだから気象庁による存続が難しくなり、二〇〇四年に完全無人化、実質的な閉鎖を迎えました。「そんなもったいない！」って思いました。面白いデータを取ることができるこの施設を残したくて、そう考える研究者の仲間たちとどうにかできないかと動き始めました。その思いが今のＮＰＯ富士山測候所を活用する会の活動につながっています。

測候所は人がいて電気を引いてはじめて使うことができる施設です。なんとか使わせてほしいと交渉を進めて、一定の条件であれば使ってもいいという気象庁からの回答を引き出したのが二〇〇七年のこと。当時、使用していない庁舎を一般に貸していいということになり、測候所も貸し出し可能になったんです。富士山の山頂にある施設なので、取り壊すにしても一億以上のおカネがかかります。取り壊しは無しとなり、以来、私たちのＮＰＯがかなりの部分を借りています。条件は、人がいるときだけ電源を使ってもいい、使えるのは夏の二カ月だけというもの。建物のメンテナンスの費用も私たちが捻出していて、気象庁の予算はまったくつかないんですよ。

富士山にみせられて

富士山での研究希望は国内外からたくさん届きます。今年は三十六件。二か月間しかないので大混雑なんです。あの高さの山は日本にはないので、自由大気の研究にはとてもいい場所です。取り壊してしまったら、もうおわり。簡単に再建設できる場所ではありません。明治の時代から先人が苦労して作りあげたものです。

調査にはブルドーザーで荷物を運搬し、若い子たちは歩いて登ります。私は七十歳までは山頂に登っていました。そのあたりで登山は「定年」にして、今は、主に地上の事務局で後方支援をしています。今年から欲張って、他人の研究をサポートするためのＮＰＯから、自分たちでも研究をする組織になりました。

登るとやっぱりいいですよ。富士山に魅せられてといいますか、山が好きなのと、観測の仕事は楽しいです。山頂に行ってやっとわかることがたくさんあります。一番おもしろかったのは、エアロゾルという空気中のごみみたいなものを計る調査で、化学成分を一週間ぐらい数時間ごとに計っていたら、あるときコロッと変わったんです。台風の影響で海からの風が大陸のほうからの風に変わった途端に汚染物質の量が増えた。この調査にはハマりました。

事務局は大忙し

夏の間は毎日東京の事務所に通っています。測候所が開く夏は繁忙期で、関係者の出入りが激しく混雑します。山頂の天候次第では予定通りに山から降りられなくなるチームも出てきます。みなさんのスケジュールを交通整理しながら、測候所から毎朝届く写真をインスタグラムにアップするのも私の役目です。

事務局の仕事で一番大事なのは申請書と報告書の作成です。測候所の維持にはお金がかかります。予算を確保するのに四苦八苦していますね。古い建物なので修繕が必要になることがあるのですが、修理をどこかにお願いするとなると、山頂まで登って来てもらわないといけませんから。ゆくゆくは測候所を以前のように一年を通じて開所し、より多くの人が使えるようにしたいですね。

これからのわたし

事務局の仕事が落ち着いたら、やっておきたいことがあるの。これまでお世話になった女性の先輩や研究者がずいぶんいたんですけど、みんな苦労を重ねて自分の道を開いていました。彼女たちのことをきちっと文章にまとめて残したい、と夢のようなことを考えていますが、ものになるかどうか。そういう調べものはおもしろくて、疲れません。明治二十八年に測候所を作り、測候所の存続に尽力した野中到と千代子については、仲間と「芙蓉日記の会」を作ってホームページ上に資料館を作っています。このＮＰＯのおかげで偶然、野中夫妻の子孫にあたる方から資料を見せていただけることになり、画像やそのほかの資料をホームページに集めています。

山頂と事務局の連絡調整にスマートフォンが大活躍。インスタグラムでは山頂から届く写真を更新しています

富士山頂で厳冬期に初の気象観測を行った野中夫妻のことは、新田次郎の小説『芙蓉の人』に描かれています。ただ、あくまで小説なので事実とは異なることもあります。私たちはバーチャル博物館内に「野中到・千代子資料館」の開設を進めていて、歴史研究にも役立つ資料をたくさん公開していきます。一九九五年の手書きの観測データや千代子さんの手紙、メモなど、貴重な資料がいっぱいあります。是非、ホームページに「御来館」下さい。

認定ＮＰＯ法人富士山測候所を活用する会　http://npo.fuji3776.net/

野中到・千代子資料館（二〇一九年八月三十日より）　https://nonaka-archives.jimdofree.com

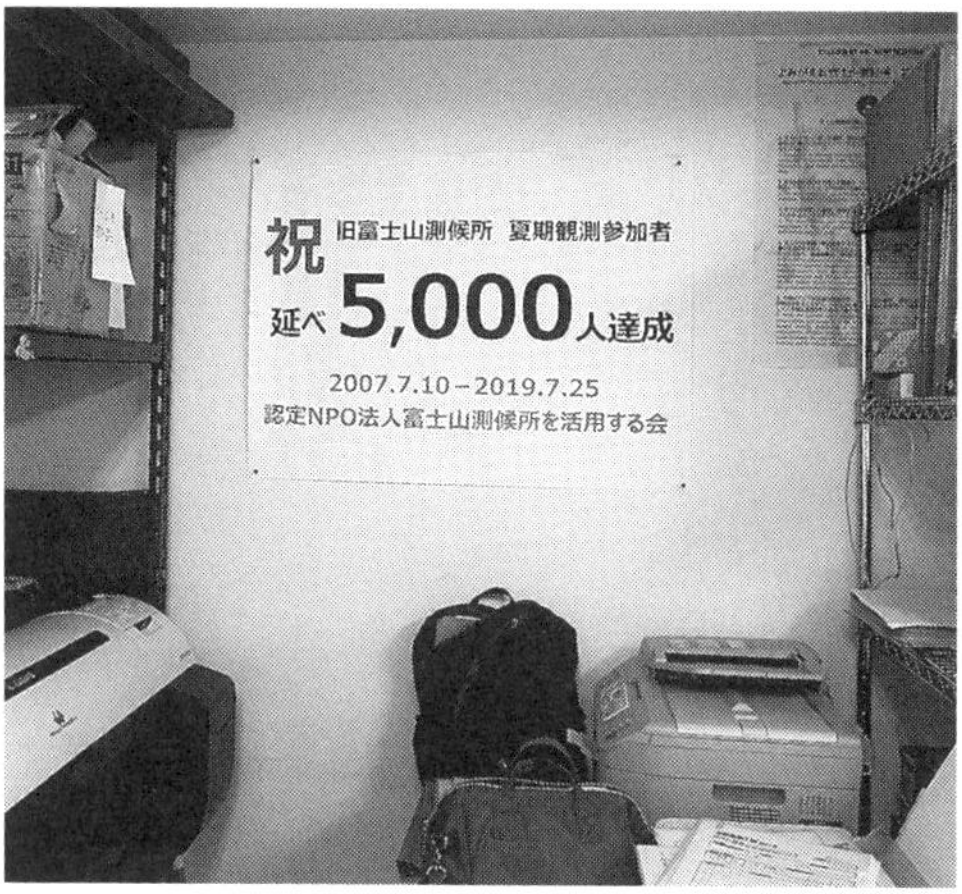

測候所での夏期観測参加者が五千人に到達。事務局にうれしい知らせです

事務

裏方は奥深いです

五十嵐友理（鷗来堂）

会社では管理本部の所属で、事務仕事を担当しています。一昨年の七月に入社して、二年が経ちました。

＊＊＊＊＊

氷河期世代の就活

私は就職氷河期のど底辺世代です。大学では途上国の開発協力を勉強していて、関連する仕事も探していたんですけど、狭き門です。一般企業は受けても受けても落ちました。

最終的には契約社員として都内の区立図書館に就職しました。仕事内容は窓口業務、イベント準備、選書にクレーム対応などなど。司書の資格は就職してから取りました。

二年半ぐらい図書館で働いていたんですけど、契約社員だったのでずっと転職は考えていました。窓口業務よりも本の受入業務、入荷した本を装備して登録してといった作業の方が楽しいと思っていた時に、図書館に本を納品している会社が倉庫の物流事務を募集していたんです。タイミングも良く、仕事に惹かれて転職しました。でも入社した途端に会社は図書館事業から撤退してしまって。十月に入社したのに十二月には本社に異動となり、管理本部で事務や経理系の仕事をすることになりました。ここで、事務仕事を一から教えてもらいました。図書館の仕事とは全く違う業務で、とても新鮮でした。

事務の仕事へ

この会社は本の卸をする会社で、コミックのレンタルが人気でした。例えばパチンコ店の休憩スペースのコミックを月額で貸し出して、定期的に新しい本と入れ替えるというもの。業績が伸びていたので、とにかく忙しくて。職場の雰囲気はよくて楽しかったです。仕事人間の集まりなんです。みんな、三六五日ずっと仕事！　という感じで。同僚たちとは仲が良くて、毎日のように飲みに行きました。すごく楽しくて、それと同じだけしんどさもあって。この先、三十代、四十代になっても働き続けられるのか不安が常にあったので、転職を考えるようになったんです。会社で経理を教えてもらっていたので、「出版／経理」で探したところ、ちょうど今の会社で事務の募集が出ていて。業務内容も似ている所が多そうだったのと、前任者が辞めたばかりで緊急性も高めだったようで、これもタイミング良く採用してもらいました。

入社した当初は営業部付の営業事務、それから管理本部の専任となりました。勤務は朝十時から夜の七時まで。月末月初が繁忙期で、月半ばはのんびりしています。定時で帰る日の方が多いです。

帰宅が前の会社より早くなったからか、テレビドラマをよく見ています。転職するときに二カ月ぐらい休んでいたんですけど、夕方のスーパーに仕事帰りの人がけっこういて、カルチャーショックでした。それでいいんですよね。帰れるときは帰った方が効率もいいです。経験から身に沁みています。毎日残業していると、毎日疲れているし、朝は眠いし、効率も悪くて。何より、自分の身体を大事にしよう、という気持ちが昔より強くなりました。

事務の仕事はなかなか全体像が外から見えないと思うんです。ザ・裏方です。うちの会社は校閲の専門会社で、営業と校閲以外がざっくり管理本部業務です。経理や労務の書類作成に広報窓口、請求書発行などの営業事務系の仕事に、契約書の確認、文房具の在庫確認に発注、ゴミ捨てといった社内総務全般です。

みんなの疑問を回収します

毎日いろんな問題が集まってきます。みんなの疑問や困っていることを回収して整備していく仕事、でしょうか。「確認してください」「これはどうしたらいいですか」と細々したことが多く、いろんな分野の知識がちょっとずつ必要です。

私が入社した時、前任者の仕事は営業部と校閲部に少しずつ振り分けられていました。そういう仕事をひとつずつ自分のところに集めています。二年たってかなり回収できましたが、まだ完成形ではなく整理中です。

会話もせず一日中パソコンと向き合うことも多いですが、大学生時代に所属していたNPOでも事務系の仕事を担当してお金や人の管理に関わっていて、その頃から好きだったので、苦ではないです。エクセルが好きで、賢いな！　って感動します。私は営業職みたいに人と話す仕事よりは、事務職が向いているかなと思います。

労務系については知識がなく、入社してからほぼ初めて触れています。勤務体制や就業規則、有給の発生、賃金の計算など、社労士の先生に確認し、調べて身につけてきました。何をどこまで適応できるのか相談しながら決めています。

書類仕事が多いので指サックは必需品です。洗濯するとよく二、三個ポケットから出てきます。引き出しに必ず複数入れて置くんですけど、すぐに行方不明になっちゃう。パソコンで大方の計算はできますけど、電卓もこまごまと使いますね。

IT系も弱くて、ネットワークまわりは特に苦戦しています。最近だと、パソコンのOSをウィンドウズ7から10に切り替えていて、初期設定して入れ替えてというのを約八十台。早く終わらせたいです。

鷗来堂では、書店の運営も行っています。店舗数も増えてきました。私が入ったときは書店の「かもめブックス」だけだったのが、千葉の「16の小さな専門書店」に、日本橋と京都の本棚専門店「ハミングバード・ブックシェルフ」。アルバイトさんも含めると働いている人は八十人くらいいます。それぞれ距離はありますが、店舗の状況をある程度はこちらで把握する必要があります。アルバイトの人が入社したら書類を作って売上や支払いのデータを集めて。顔を合わせる機会がほとんどないので、商品の取り扱い状況など、情報

共有をうまく進められるようチャットでやりとりをしています。

最近は仕事の範囲がちょっと広がりすぎていて、自分で全部を把握できているのかちょっとだけ不安になります。

失敗しても前向きに

まだまだ知識を吸収していきたいですね。いわゆる会社の一般常識、法務や労務の方が知っているべきことは知識として自分のものにして、対応できる範囲を拡げていきたいです。労働基準法でここは守らないといけません、というところもあたりまえですけど知らないとそもそも適用できませんから。ひとつひとつ判断を積み重ねています。まだまだ知識不足な分野ばかりです。ゴールはまだ遠いですね。

この仕事は終わりがないので、真面目な人の方がしんどいかもしれません。全部をきっちりやろうとすると大変です。根は詰め過ぎない方がいいよと自分に言い聞かせながら働いています。

小さい時はすごくネガティブ思考だったんです。すぐ思い詰めちゃって。そうならないよう、自分でストップをかけるように意識しています。失敗してしまったら、「次に生かそう」って前向きに。

日々新しいことが起きます。毎日違う業務をしているようなところがあって、大変ですが新しいことを知ることができるのは楽しいです。

目指せ！　簿記一級

いろんな業務に携わる中で一番興味があるのが経理で、資格を取りたいです。前の会社で経理を教えてもらって、簿記の二級まで取ることができました。二十代で体力もあったので、朝ご飯食べながらテキストを読んで頑張ってましたね。一級はレベルが違う感じで、手が届かなくて。そこをもっと勉強していきたいです。それと労務の法律が分からなくて、もっと深く学ばないと。

社内での目下の課題は労働環境の整備です。会社の就業規則はあるんですけど、もともとの業務である校閲業務に特化したものです。それぞれの店舗で働く方に合う形に、整備を進めています。人と新しい環境が増えた分、事務はあらゆる項目を適用させるようについていかないといけません。

経理や労務で社外に委託しているものも、もう少し社内で対応できるようにしたいと考えています。何年もかかるかもしれないけれど、ここも整備したいです。

なんでも屋を目指して

数字って答えがあるんです。法務とか労務は選択肢がいくつもあって、ゴールはひとつじゃありません。学生の時も数学が好きで、答えが決まっているということが好きみたいです。

何かあった時、何もなくても頼られるような、会社の「なんでも屋」を目指して経験値をあげていきたいです。

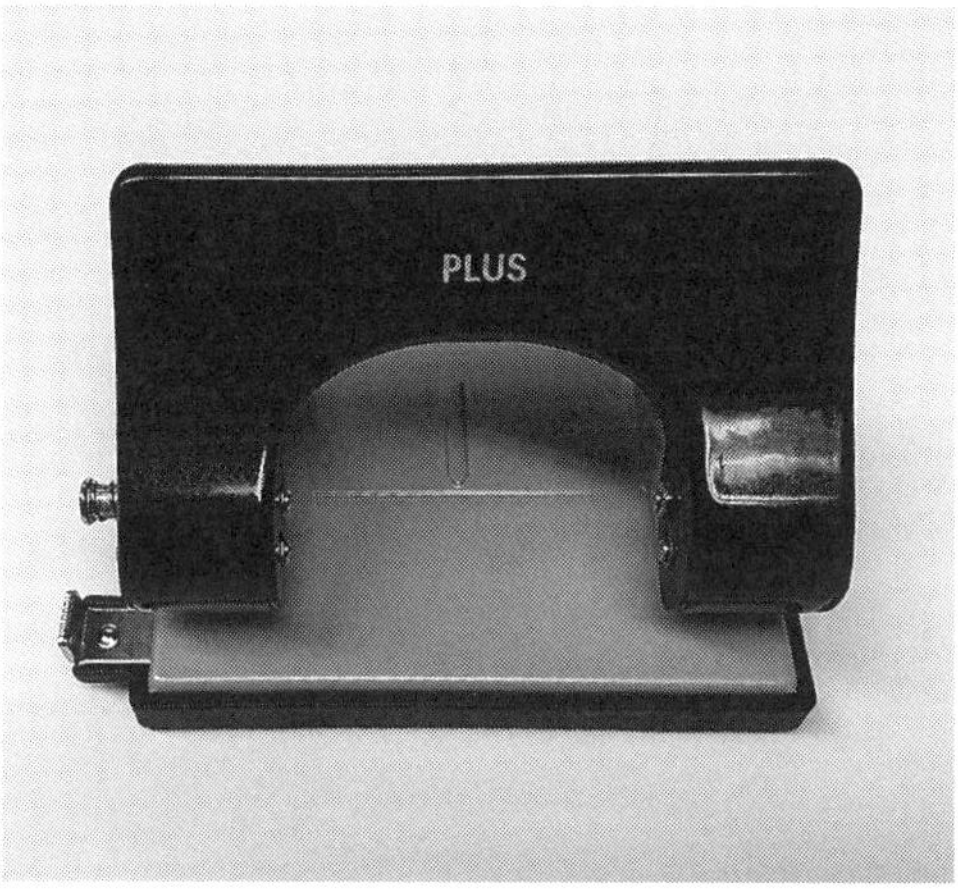

各種書類の整理に２穴パンチが大活躍

弁護士

暮らしも仕事ももっと自由に

石田由美子（東京開智法律事務所）

私は四十三歳で弁護士になりました。三十九歳になるちょっと前に思い立って、勉強を始めたんです。

大学を卒業後、テレビ局のＡＤと、出版社で編集の仕事に就きました。二十代後半で結婚しまして、会社は辞め近所でずっとパートをしていました。キャリアを積みたい、しっかり稼げる資格を取ろうという思いは持っていて。景気が悪くなってきたこともあり、いよいよ、これは確実に使える資格を取らないとという結論に達しました。いろいろ調べて弁護士か看護師になろうと思ったんです。この二択によくびっくりされるんですけど、私の中では自然な結論で、どちらも資格を取ったらすぐにお金を稼ぐことができます。実務経験がないと働けない資格というのはけっこうあるんですよね。

夫に言ったら面白がってくれました。法律を学んだことのない四十手前の私が急に弁護士になるって言いだしたから、まわりはざわつきましたけど。

ぶ厚いポケット六法

まずは法科大学院を受験しました。ここで三年間勉強して卒業すれば、新司法試験が受けられるという流れです。法科大学院の制度がはじまって数年のころで、難しいし、競争率も高くて十一校受けて一校だけ受かりました。

一年生は五五人ぐらいいて、そのうち法律をまったく勉強していないのは私ともう一人だけ。あとはみんな法学部出身者か司法試験を受けたことがある人ばっかりです。わたしは大学は日大の芸術学部、法律を学んだことはありません。合格してから初めて「六法」がなんなのかを知ったというレベルです。ポケット六法があるといいよと教えてもらって買いに行ったら、ぶ厚くってポケットに入る大きさじゃない。めくると民法だけで千以上も条項があって、これはまずいと気が付きました。進級も危ないと思って慌てて猛烈に勉強しました。

アルバイトをする余裕はなく、奨学金を受けることができたので、二四時間のうちどれだけ勉強に割けるかというくらい頑張っていました。いろんな意味で崖っぷちだったからよかったみたいです。

学校にはキャレルという自分の自習席が与えられるんですけど、そこで土日もずっと勉強しないと追いつけない。三年間勉強だけしていました。勉強するのはおもしろかったです。学ぶことから長く離れていたから、かえって面白がれたんでしょう。ブランクが良かったんですね。大学を出てすぐだったらあんなにやる気は出なかったと思います。

当時の同級生とは年が離れているけど今でも仲良くしています。法科大学院はみんな目標が同じ、「司法試験に受かる」こと。同じ目標に向けて一緒に勉強をするんです。みんなでがんばろう、みんなで受かろうって。そういう感覚は大人になるとなかなか経験できません。

勉強に燃える

記憶力が若いころほどないので、若い子と同じだけ勉強してもダメだと思って、外にご飯を食べに行っても、料理が出てくるまでは本を読む。若い子が二回読めば頭に入ることが私は三回も四回も読まないと覚えられないので、繰り返しを意識して勉強時間を増やすことばかり考えていました。他の受験生の勉強時間がライバルなんです。

勉強はゲーム感覚で面白がることができたんですよね。科目毎に「ここまで達成しよう」と目標を立てては達成、難しい目標だったらいったんやめる。なにかをしらみ潰し的にすることは好きなので、勉強をし続けることが向いていました。

最初のころはあまりの出来のひどさにキャレルで泣いたこともありましたけど。一年目に司法試験の問題を解いてみたら二十問中四問ぐらいしか解けなくて、これじゃあ受からないと大ショックでした。その時点で受験料に学費とけっこうお金がかかっていて、年齢的にも後がない。よけい勉強に熱中しましたね。もっと若かったら、他の道も考えていたかもしれません。公務員に進路を変えたりと途中で辞めていく人も多いんです。勉強に集中できたのは夫の協力もありました。

法科大学院を三年で卒業し、その年の司法試験に運良く合格しました。暮れから司法修習に入り、めでたく弁護士になりましたが、年齢オーバーもあって弁護士事務所の求人をなかなか手にすることが出来なくて、就職難だったんです。ぜんぜん決まらなくて、なんとか今の事務所に入れてもらってずっとお世話になっています。

ここまで弁護士の仕事が忙しくて大変だと思わなかったって、みんな言いますね。弁護士になってからの方が大変なんです。自営業なので忙しさはコントロールをしようと思えばできることですが、楽だという話はあまり聞いたことがありません。

弁護士だけで飲み会を組むと、事件が急に入ったとかで欠席者がけっこう発生します。以前、四人で飲もうとなったら三人が遅れに遅れ、私一人で二時間ぐらい飲んでいたことがありました。弁護士だけで集まるなら平日の夜の少人数はダメですね。

仕事量は多いです。土日も仕事から離れられないというのがほとんどだと思います。一つの事件にかかる時間は長くて、一年二年は当たり前、数年かける案件も少なくありません。同じ案件は一つもなく、司法試験で学んだ法律は数が限られていて、法律は何千とあります。法律の改正もよくありますし、そのたびに勉強です。

同時に数十件は抱えていて、毎日いろんな案件の何かが動き、終わるものもあれば新しく始まるものもあります。混乱しないように仕事のファイルはよく見返しています。裁判に行っている時間なんて仕事全体からみたらほんの一部、打ち合わせや書面を書くことに忙殺されています。

わたしは専門はとくになくて、会社のことでも家族のことでも債務整理も刑事事件も扱

たくさんの資料類を持ち歩くことが多い。通販で見つけた大きなカバンはマチもたっぷり

います。大きな弁護士事務所は専門が分かれているみたいですが、町の法律事務所は何でも屋ですから。

何か起きたらなるべくすぐに対応できるように気をつけています。刑事事件で「会いに行って来てくれ」と頼まれて外出を控えるような台風到来の週末に、面会に足を運んだこともあります。

死ぬ直前まで働いていたい

この仕事は人とのコミュニケーション能力が重宝されます。対立関係にある人とも話をする機会がある。勉強だけで済む世界ではないんですよね。弁護士に相談にいらっしゃるのは、よっぽどなことだと思うんです。みなさんが悩んでいるなかで納得できる決着を交渉の中で探ります。

常に人のことを考えていますね。信号が青に変わるのを待っている間とか、ぼーっと考えてしまう。仕事のことはみなさんもそうだと思います。

弁護士になってから離婚をしたこともあって、自由に使える時間が増えて、経験と共に仕事の量もそれなりにあり、繁忙が続きそうです。

もともと、働くことは好きなんです。パートの仕事もあまり稼げないけれど楽しかったです。パート仲間に恵まれて一〇年ぐらい新聞社の倉庫で本を出荷していました。ダンボールを壊したり組み立てたりするのは早いしうまいですよ。

何もしないよりは常に何か仕事をしていたい。死ぬ直前まで働いていたいと思っているので、そういう意味では続けられる仕事で良かったなと思っています。迷惑をかけない範囲で身を引きたいとは思っていますけれど、自分で定年を決められるし。弁護士は思った以上に大変な仕事だったので、二十代の私だったら持ちこたえられなかったかもしれません。これまでの社会経験が今の私を助けてくれています。

暮らしと仕事の自由

この仕事を続けていけるのか。弁護士は増えているので、弁護士だから大丈夫、というほど甘い世界ではなくなっていると思います。続けるつもりだけど、できることは弁護士だけじゃないと思っているふしもあるんです。どこに暮らし、どこで働くかはもっと自由に考えられていいいと思う。

何年かしたら、もしかしたらまったく別の資格を取って違う仕事をしているかもしれません。休みがなくて仕事がきつい時に、ふと、地方の旅館で仲居さんをしている自分を夢想したりします。最低限、仕事が続けられて三食食べられれば、それでいいですから。

これしかできないと思い込んでしまうと不安になるのかもしれないけれど、何でもできると思うんです。挑戦できる限界はあるかもしれないけれど。

本を読むぐらいしか趣味はなくて、それはよかったかもしれないです。あれができない、これができないというのがないので、忙しくてもそのストレスがないんです。自営業は仕事をしていないと不安になるじゃないですか。仕事があることは恵まれていると思っています。

夜、仕事を終えて帰宅したら通販番組をボーっと一時間ぐらい見て、頭の中をリセットしてから寝ます。

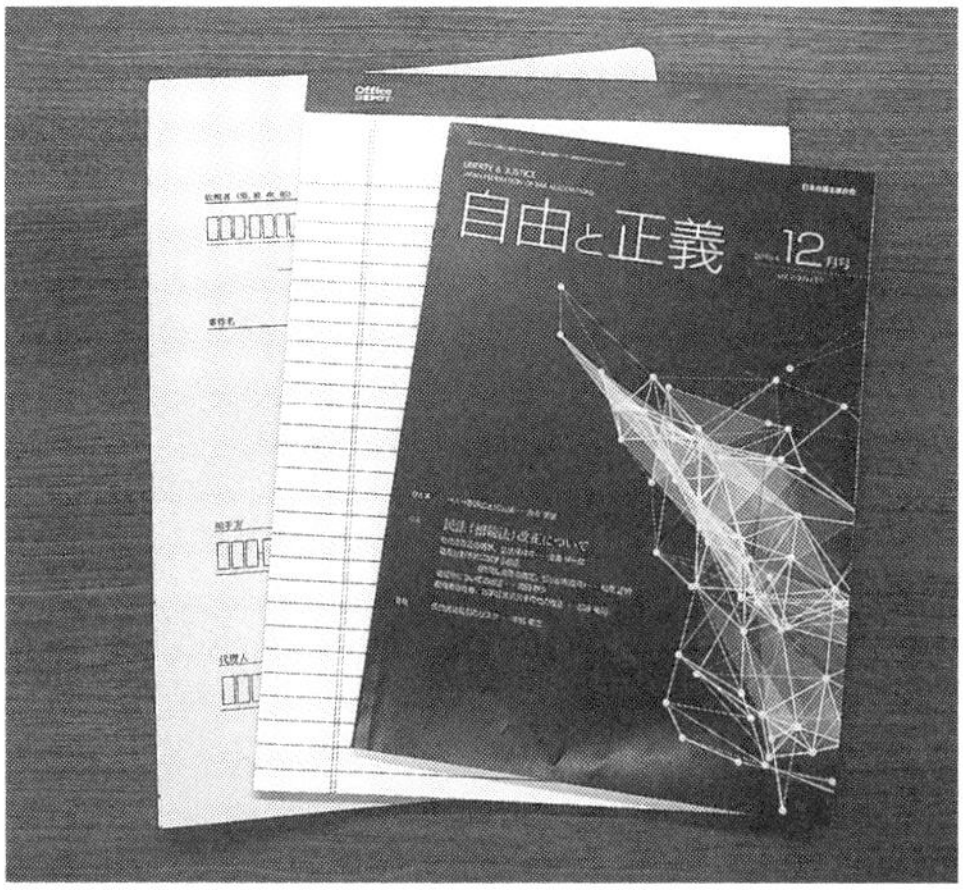

カバンの中身はファイル資料にノートメモ。「自由と正義」は業界誌で法律の最新情報を収録

老舗に生きる　五味醤油の母と娘

発酵の伝道師です

五味洋子（娘）

高校を卒業するまで山梨に暮らしていました。私が子供の頃のうち（五味醤油）は、もうお醤油の製造は止めていて、お味噌の製造と販売に注力していました。自分の家を鍵で開けたことがなかったですね。実家の1階は店舗なので誰かが必ず家にいるんです。「ただいま」って毎日誰かに挨拶して帰っていました。そういうことが鬱陶しかったんですけど、大人になってからはよかったなあと思い出します。母は勉強しろとかは言いません。ただ、「味噌汁を飲め」とだけは毎日うるさかった。「味噌汁だけは飲んで行きなさい！」ってこわいんです。飲まなきゃ元気出ないからって。渋々飲むとやっぱりおいしいんですけど。

お味噌の魅力

十八歳で東京に来て一人暮らしを始めて、お味噌汁を作ってみたら出汁の味しかしなくて。お母さんの味噌汁は野菜がいっぱい入っていて、お味噌の味もありました。ちゃんと作ってくれていたんだなあと遅ればせながら気づきました。

大学は東京農業大学の醸造学科です。進学を決めた時は家業のことは考えていませんでした。味噌屋はなんとなく兄が継ぐと思っていたので。食に関する仕事をしたいなとは考え始めていました。

家に『赤ちゃんはスリッパの裏をなめても平気——あなたの周りの微生物がわかる本』という本があったんです。私は小学生の時にO－157が流行って、殺菌除菌で育った世代。世の中には発酵のように良い菌があることを、この本を読んで初めて知りました。高校の授業でも発酵を学ぶ機会があって、「あれ？　うちじゃん」って。それで醸造を勉強しようと決めました。

醸造学科で学ぶ

大学の講義は、微生物観点で発酵の勉強が進みます。子どものころから工場に出入りしていたしお味噌のことは知っているつもりだったけど、大学で学んだ発酵にはめちゃめちやロマンがありました。二十歳になってビールを飲んでいて、このちっちゃな気泡は酵母菌が作った炭酸ガスなんだよなあ、ロマンチックだなあってつくづく思いましたね。目に見えない菌が麦の汁を発酵させて大人の喉を潤してくれる！　この頃から発酵のことを知ってもらいたい、世のなかの人が目に見えない微生物による発酵のことを知ったら、人生楽しくなるんじゃないかなという思いが強くなっていました。

でも味噌屋になる選択肢はまったくなく、普通に就活していました。私は卒業が二〇〇九年です。就職は悪くない年で、食に携わる仕事に就こうとお酒とお菓子のメーカーさんばかり受けていました。でも就職活動が合わなくて。メーカーさんの内定をもらったけど、社員の人たちが内定者の前で会社の悪口を言うような機会にへコんで、内定を断ってしまったんです。会社で働くことを目標にしていたのに、新卒の二次募集はほとんどありません。卒論の研究に熱中しているうちに冬になり、さあどうしよう。

食に関わる仕事を

そんなときパラパラと読んでいた雑誌で眼にした広告が突き刺さります。化粧品会社の「すっぴんで生きる」というコピーです。中身がきれいじゃないと塗ったりしても意味がない。ここで働きたい！　と、その会社に向かいました。新卒採用はしていなかったので中途採用に強引に応募して、社長面接で結局落とされてしまいました。それが卒業式の前日です。まいったなあと一旦は山梨の実家に帰ったんですけど、いろいろあって数か月後にその会社で働けることになりました。まずは関連会社の物流会社で、社員食堂を作る業務を担当します。社食は地域の方にも開かれたもので、メニューを考えたり、事業化全般に携わりました。食に関わることがしたいって会社でも主張していて、やることなすこと図々しい新入社員でした。

子どものころから自分の意志を持って行動した事ってあまりないんです。大学生の終わりと社会人の初めはどうかしてたんじゃないかと今でも思います。

山梨にUターン

二〇一一年に震災があり、その頃から山梨に帰りたいなと漠然と感じていました。東京ではものがどんどんなくなっていきます。物を作っている人が近くにいない所にいるのが不安になりました。実家に帰りたいというより、物作りや土が暮らしに近い山梨に帰りたくなったんです。

勤めていた会社が創立一〇周年を迎えた時に、「うちは明治元年創業で、変わらずお味噌を作っている。もしかしてすごいんじゃないかな」。ようやくなんですけど、実家の仕事に沸々と興味が湧いてきました。そんなときに、兄から「忙しくなってきたから、帰って手伝わない？」と連絡が来たんです。自分の中でぼんやりと考えていたことが兄の一言でつながって、「帰ります」と即答でした。

会社員時代は食品事業からお客様窓口、通販業務といろんな仕事をさせてもらいました。その経験が今、生きていてありがたいですね。会社の人には「いつか帰ると思っていたよ」と言われました。東京を離れる寂しさはありましたが、そんなこんなで山梨に帰りました。二〇一三年の十二月に戻ってきて、五味醤油で働きだしたのは二〇一四年の六月からです。八年ぶりに親と住むことになるので、リハビリ期間も取って。

発酵の伝道師

私は販売促進担当で、まずはホームページの改良とオンラインショップの整理をしました。兄と私の適材適所です。科学者のように作ったり研究したりするよりは、かみ砕いてわかりやすく人に伝えることの方が好きだし、得意なんですね。冬は味噌づくり、夏は麹から作る甘酒の講座を主に開いて、専門知識はそこで生かしています。

発酵の伝道師としてお味噌講座を開いて、あちこち出張にも出かけています。昔は商店があって、八百屋さんで季節の野菜や食べ方を教えてくれました。町の味噌屋さんもそう

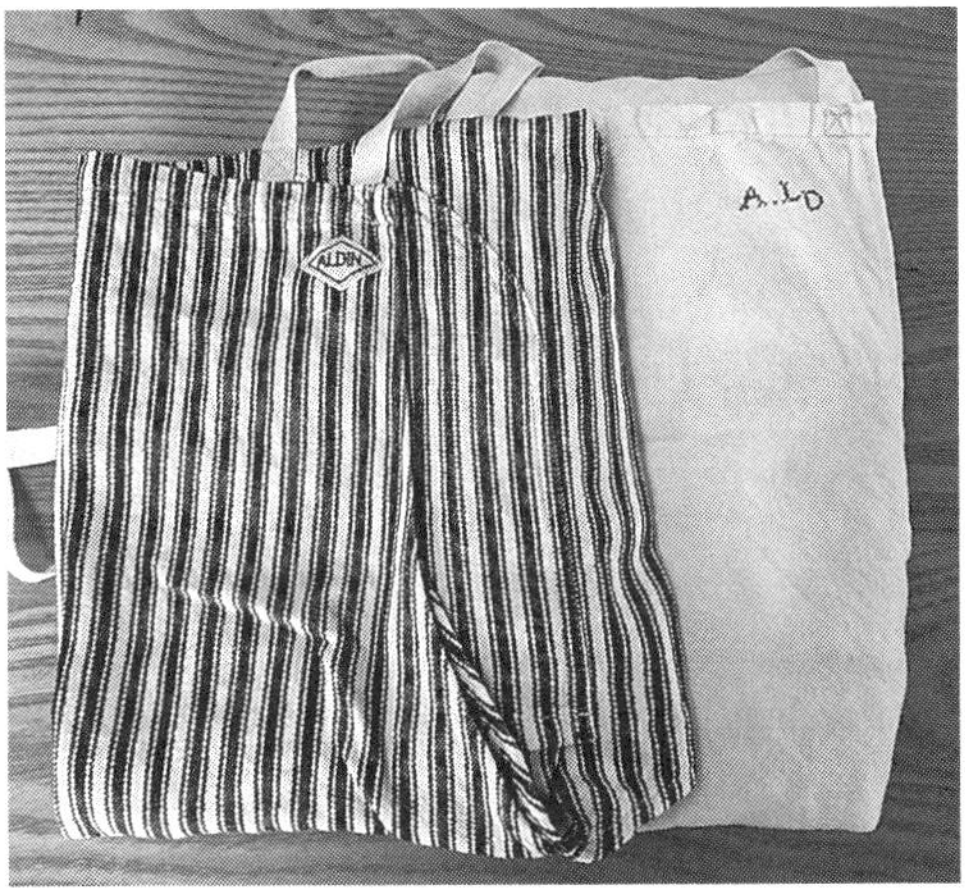

地元山梨のアルディン製エプロン。生地も山梨のものを使用しています

なったらいいな。長く商売を続けていくには、企業秘密ですってクローズにしているよりは、オープンにしている方がいいです。発酵技術はもともとオープンソースだからここまで広まってきました。この辺りでは冬になると自家製のお味噌を仕込む方が昔から沢山います。うちは味噌づくりも応援する味噌屋で釜などの道具も貸し出しています。自分で味噌を仕込んで半年待って。今は時間のある人に限られているけれど、どんどん広めたいです。

お味噌を使ったことがない人にこそ来てもらいたいです。専門店って敷居が高いんですよね。その敷居を下げたかった。味噌屋にきてもらうきっかけを作りたくて、お店の敷地内に、みそづくりとものづくりの体験スペースを作りました。

ようこそ「手前みそ教室」へ

十一月から三月の間は、週に三、四回お味噌づくりの「手前みそ教室」を開いています。年に八十回くらいになるかな。四月、五月は近所の保育園や幼稚園から県外にも出張しています。私、古風な名前で、「味噌屋の五味洋子さん」はかっぽう着姿の女将さんを想像するみたいなんです。それがこんな若いのが出てくるから、初めの頃はイメージ通りじゃなくてすみませんって感じでした。でも「お姉さんが教えてくれたら、味噌の見方が変わったよ」と言ってもらったことがあって。私だから伝えられることもあるんだと分かり、更に楽しくなりました。

昔は冬になると親類などで集まって一年分のお味噌づくりをしていたそうです。百キロものお味噌を地域のコミュニティで仕込む。「手前みそ教室」がそういう場になるといいなと思います。参加した人たちが「また、来年ね」と声をかけながら帰っていく姿が、とてもうれしい。

夏にゆっくりできる分、冬はフル回転で忙しいですね。忙しくて緊張しているから冬は風邪もひかないし、重いものも持てます。このリズムはメリハリがあって好きです。

兄とふたりで

兄は六代目、父から代替わりしました。体験スペースを建てる時は兄と私で借金をしてがんばりました。自分たちのやる気をみせたかったんですね。私たち二人で頑張るから、お父さんもお母さんも安心してほしい。

目指しているのは、会社の売上を伸ばしていこうというよりは、働いている人たちが普通に暮らせるように、それをキープできるようにうまくやっていきたいですね。教室事業も柱の一つになっています。二〇一〇年頃に塩麹のブームがあって、それまで味噌を作るためだけに存在していた麹が台所の必需品として見直されたのが、うちの転機にもなりました。でも販売する商品を増やそうとは思っていなくて、いまあるものをちゃんと残していきたいです。麹とお味噌は売り続けるので、みなさんにアレンジして楽しんでもらいたいです。

食べることは人の幸せや暮らしに密接しています。みんなの食卓がちょっとでも豊かになるお手伝いになれば。自分で作ったお味噌でお味噌汁を作るとなったら、出汁をとってみよう、具材にこだわってみよう、自分の食卓を考える入口になると思うんです。

麹ってなんだろう

麹は何かとあわせて発酵することで調味料になります。麹と大豆と塩でお味噌、麹と水で甘酒。麹という半完成品の使い方や麹ってそもそもなんだろうというのも伝えていきたいですね。

麹は三日間温度管理をしながら作っていくので、夜中にも手入れの作業があります。麹の匂いはお父さんの香りだったのが、今は兄が麹の香りをまとっていて、時の流れを感じます。

いずれは母を店主に味噌汁カフェかほうとうカフェを始めたいです。母はおいしいお味

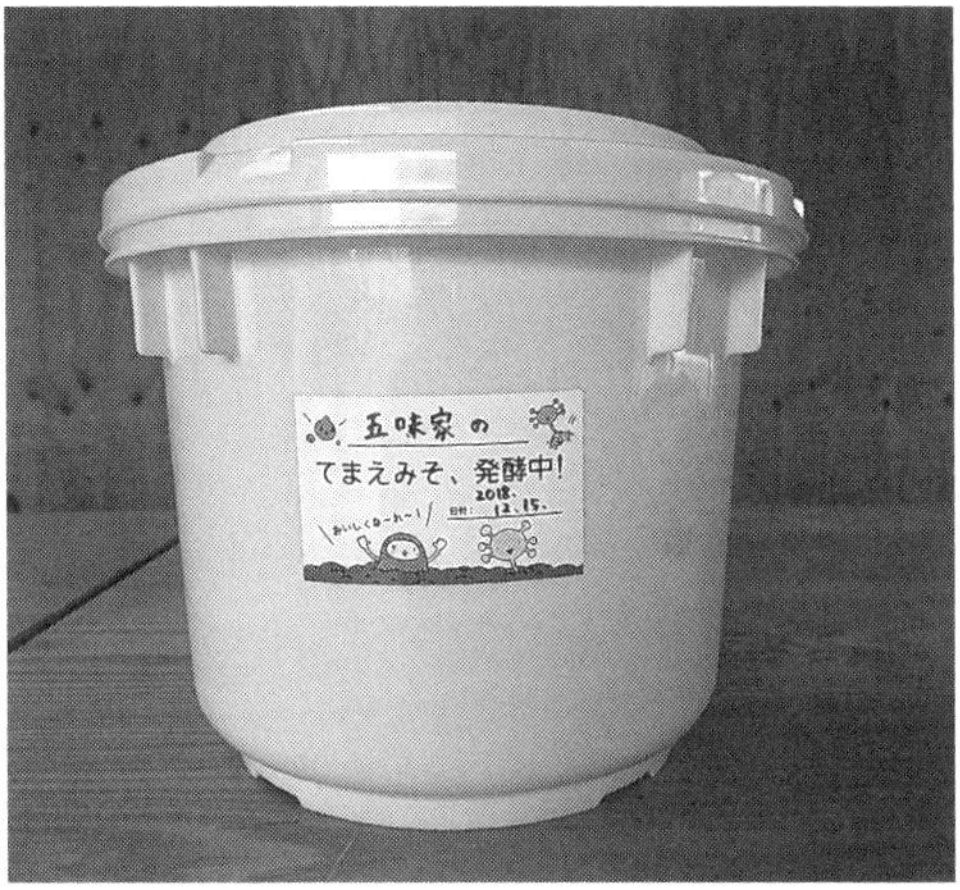

手前みそ教室のお持ち帰り容器。じっくり寝かせておいしいお味噌ができあがります

噌汁のバリエーションをたくさん知っているし、お話しするのが大好きです。母主導のカフェでお味噌の食べ方の提案をできたらもっと楽しくなるかな。

兄と私で発酵兄妹を結成して、楽しくわかりやすく発酵文化を知ってもらうために活動しています。山梨ＹＢＳラジオの番組「発酵兄妹のＣＯＺＹ ＴＡＬＫ」はめでたく２００回を迎えました。

毎週日曜日はお休みで、温泉を巡っています。山歩きも好きで、その後に温泉に入るのが定番です。山では電波がないからスマホを見ないし、けっこうリフレッシュできるんですよ。

老舗に生きる　五味醤油の母と娘

商いはこつこつと

五味雅子（母）

結婚する前は山梨ＹＭＣＡに勤めていました。私にお味噌の素晴しさを教えてくれたのは職場のアメリカ人夫婦なんです。食事に招かれたら、出てきたのは玄米のご飯にお味噌汁とひじきと納豆。こんな素晴らしい日本食はないんだよと言われて、ガーンとショックを受けました。私たちは戦後、アメリカが一番で、牛乳とお肉が栄養があって、日本食はしょっぱくてよくないと育ってきたのに。彼らが日本食の素晴らしさを再認識させてくれて、私もすっかりお味噌にはまりました。五味醤油五代目の夫と出会って、夫が作ってくれたお味噌汁を飲んだらおいしくて、この味だなって。

お味噌屋さんにきてみれば

二六歳のときに味噌屋の跡継ぎの夫と意気揚々と結婚したんです。お味噌が大好きで勢い勇んで五味醤油に来たんだけど、中に入ってみたらお味噌業界は大変な斜陽ぶりでした。隣が銀行なのに「もう貸せませんよ」という状態です。なんとかせにゃならんと必死にやってきました。私たちの代でどうにか借金を返済し、切り捨ててやってきたから、子どもたちには継がなくていいと考えていました。だいたいが借金を抱えて整理できなくなってしまうんですね。お味噌は地味な商売です。苛酷で儲かる商いではないんです。お味噌は1キロ数百円で六〇杯のお味噌汁が飲める地味な商品です。その商いをこつこつ続けることが出来ているのはありがたいと思っています。

五味醤油は看板の通り醤油と味噌を作っていたんだけど、途中、夫が決断し醤油を切り捨てざるを得ませんでした。大量生産が始まって特売では水より安いぐらいの値段で売っていて、とてもじゃないけど太刀打ちできない。幸い、この辺りには味噌を家庭で作る文化があったから、原料の麹を売ることで生き残ったかな。私が嫁いだころはひどくてねえ。栄養推進委員とかいう人が各家庭のお味噌汁の塩分を計るんです。「こんなにしょっぱいでしょう。塩分取りすぎはいけません」って。保健所でもそんなことをしていて、他にもっと塩分の高い加工品があるのにお味噌もお醤油もひどい逆光を浴びていたの。だから和食が世界遺産に認定された時は、心底嬉しかったです。

息子が帰ってきても人件費が出せるかどうかという時に、塩麹のブームが来て夏でも売れるようになって助けられました。発酵が世間に認知されはじめた頃です。


私の世代は旦那さんがサラリーマンで奥さんがそれを支えて、という生活が出てきたころです。旦那のご飯を毎食作って家業の手伝いもあってというのは想定外。友人が「夏休みは子供がいるからお昼作らないと」なんて言っているの。私なんて結婚してからずっと三食夫と一緒だわよ、と心の内でつぶやいていました。サラリーマンの奥さんは憧れの的でしたね。自営業は職住一緒でバタバタだわとずっと思っていたの。そうしたら子どもたちが大きくなってから「家の鍵はいつも開いていて、帰れば誰かいるのがよかった」と言うんです。

私みたいな女性の働き方を子どもたちがよしとしてくれたのは、うれしいかしら。こんな家はいやだ、サラリーマンの奥さんになるって言われるとばかり思ってたんです。洋子は牛乳が嫌いらしいんだけど、全然気づきませんでした。毎日が慌ただしくて子どものことも見ているようで見てなかったのね。

いろんなことは食と住が一緒だったからこなせたことだったし、子どもたちは間近に親の働く姿を見ているのよね。私は自営業のお家に来たことが負い目だったんだけど、子どもたちは継いでくれたし、結果よしとするかというところです。

とはいえ、息子が継ぎに戻った時はたいへんでした。夫も職人ですから、ゆずれないものはゆずれない。親子だから余計に遠慮がないのよ。落ち着くのに十年ぐらいかかりました。どうなることかと思ったわ。

子どもたちのやり方には時折り、理解できないこともあります。でもね、齢を重ねて思うの。そういうことを受け入れる努力が出来るのが歳を取るっていうことだと。三十年前にお味噌や麹を販売する店舗を作って、私がお店番をしています。

二〇一六年、土井善晴さんが『一汁一菜でよいという提案』という本を出してくれました。あんなにサラブレッドの方が、最後に一汁一菜でいいと言ってくれて、具だくさんのお味噌汁をたくさん紹介してくれています。彼が言ってくれたことで、楽になったお母さんは多いんじゃないかしら。

お味噌は千年続く手作りの品で、地域によって味も作り方も多様です。千年飲んできたものがしょっぱくて体に悪いわけないのよね。土井さんのお墨付き、うれしかったです。

五味醤油　山梨県甲府市城東1―15―10（JR甲府駅より徒歩20分ほど）

五味醤油の店舗は雅子さんが切り盛り

キュレトリアル・ディレクター

身近にあったアートが仕事になるまで

梅村由美（SCAI THE BATHHOUSE　スカイザバスハウス）

キュレトリアル・ディレクターという肩書で、現代美術ギャラリーにて展覧会の企画、運営、作品の販売を行っています。仕事の内容は一言で言えば営業なのですが、単に売れればよいということではなく、作家にとってのよりよいプレゼンテーションを考えたり、この場所、このお客様には何が相応しいか考慮するなど、作品の内容に重きをおいています。自身で発掘したアーティストの展覧会も企画します。

私の勤務先の場合、定時は一応、午前十時から午後六時まで。基本は月～金出勤で、土曜日は交代で出ています。定時にはなかなか帰れませんが、連日遅くまで残業というほどではなく、比較的自分のペースで働いています。ただ展覧会オープン前後やイベント、出張があれば時間はかなり不規則になります。ちなみに、変わったギャラリー名のSCAI THE BATHHOUSE（スカイザバスハウス）とは、銭湯だった建物をギャラリーに利用していることに由来しています。

＊　＊　＊　＊　＊

子どものころからお絵かきが好きで、暇さえあれば絵を描いているか本を読んでいるか。友だちの家に遊びに行くとうちとは違う本が置いてあるから興味はそちらにいってしまい、みんなが遊んでいる中、私は本を借りて読みふけっていました。

中学の進路相談で美術系の高校に行くべきか相談した記憶がありますが、結局、普通科の高校に進学しました。高校生になってから現代アートに興味を持ち始め、図書室で読んだ美術手帖でデュシャンを知って衝撃を受けました。赤瀬川原平さんの『超芸術トマソン』に書店で出会い、ハイレッド・センターのことを調べたり、つげ義春の漫画を同級生と回し読みしてみたり。観るだけではなく、文化祭の時は「不思議な部屋」（今でいうインスタレーション的な展示）を作ったり、劇をプロデュースしたり。

やはり大学は美術系にと思い至り高2の夏から美大受験の予備校に通いました。実技に自信が持てず不安になった時、予備校の先生が藝大の美術学部芸術学科のことを教えてくれました。美術史を勉強する科ですが、文学部の美術史学科と違って実技の授業もあるのです。入試は学科中心で実技は参考程度。試験問題は多少特色があって、例えば英語の問題の内容は遠近法についてとか。英語が出来ても美術についての知識がないと解けません。予備校ではそれらを想定して勉強しました。

大学卒業後の紆余曲折

芸術学科に入ってから最初の二年間はいろいろな技法を一通り学びます。油絵、日本画、写真、彫刻、彫金。午前中は実技の時間でカルチャーセンターみたいで楽しかったです。私の学科では作品の成果は期待されないので制作は気楽でした。

この実習を通して、どうやって作品が作られているのか、その過程がどれだけ大変なのかが分かります。例えば日本画実習では膠《にかわ》を煮出して、岩絵の具で溶いて、という専門技術を知ることができました。

大学を卒業する頃はバブルだったので就職の状況はよかったですね。けれども、藝大だからと思うのですが、周りに就職活動をしている友達はほぼナシ、だいたいは大学院へ行くという雰囲気の中、私は研究したいものが強くあるわけでもなく、かといってやりたい仕事のビジョンも持てず就活もしていませんでした。

　卒業したらどうしようかという時に、企業のギャラリー運営を請け負う事務所のお手伝いという仕事の誘いが同級生にあって、大学院進学を決めていた友人に代わって勤めることにしました。とある大手企業が渋谷に持っているスペースで、待遇は契約社員だったと思います。バブルがはじけて勤めて一年でギャラリーは閉じることになってしまいました。この事務所にいる間、別のプロジェクトで横浜のやはり企業系のギャラリーで作家を選ぶところから展示を任せてもらったこともありました。プレスリリースの書き方すら分からないから、よその展示を見に行ってプレスリリースを見せてもらってお手本にして。

　その後、表参道のギャラリーでの受付などバイトを転々とし、テレビ朝日で一年間だけの事務仕事に就きました。部署付の秘書兼事務みたいなポジションで、配属されたのは美術制作センター。美大出の人が多くて親しみやすい職場でした。仕事は書類に判子をもらったり郵便物の仕分けなど楽なもので、楽々、大きい会社の中を見ることができたのは面白かったです。業界だったせいか下の名前で「由美ちゃん」といきなり呼ばれるのはカルチャーショックでした。

　このテレビ朝日の方々には、後にＳＣＡＩの仕事で、新社屋設立に際してアート作品を設置するというプロジェクトの時に再会することになります。

ギャラリーの仕事

本格的にギャラリーで働くことになったのは、ミヅマアートギャラリーが最初です。まだ青山にあった頃（現・市ヶ谷）で、展示を観にいったときにオーナーの三潴（三潴末雄）さんもいらして、お話したことがきっかけです。自分は美大で美術史を勉強したけれど、今はテレビ局でアルバイトをしている、といったことを話したと思います。後日「美術の仕事に就けたらいいなと思います」というような手紙を三潴さんに書きました。しばらくした頃に「欠員が出るから働いてみる？」と声をかけてもらったんです。

当時のギャラリーの一般的なイメージは、格式高い銀座の高級ギャラリーか、怪しげなアートを販売するところ。私はギャラリーの仕事が何なのか分からないままに、働き始めました。

当時のミヅマは、会田誠さんを中心に現代アートのムーブメントを作り始めていました。そのころは現代アートのギャラリー自体が少なくて、認知もされていません。お客さんも少ないので、来客があるとうれしくてスタッフ皆で囲んでお話したり。ギャラリーが何をすればいいのかも手探りな部分が多々あって、作家さんと一緒にいろいろ作り上げていった感じです。敷居を下げて、お客さんへのウエルカムな雰囲気をどうやって作るのか。告知はどうするのか。プレスリリースの送り先の情報もなかったので、青山ブックセンターでアート欄のある雑誌を調べて片っ端からリリースを送りました。

五年ほどミヅマに勤めて、二〇〇一年に今のSCAI THE BATHHOUSE（スカイザバスハウス）に移りました。実は、卒業して最初の仕事をやめたすぐあと、半年くらいＳＣＡＩで出版物制作のバイトをしたという縁があったのです。ＳＣＡＩは今ではそれなりの規模のあるギャラリーですけど、私が来た時は代表の白石（白石正美）の他にスタッフが三人ぐらいしかいなくて、忙しい日々でした。繁忙はつらかったですけど、とにかく我慢と頑張りました。それまでは、ギャラリーの仕事にはたまたま就いただけで、他にもっと違う仕事があったらやめるくらいに考えていましたが、いよいよ何もなく、だったら目の前の仕事に取り組んでいくしかないと思ったのです。結果としてここでは様々な活動の場を与えられ、育ててもらいました。社長は信頼して任せてくれるので仕事がしやすいです。

ギャラリーの仕事は、大きく分けて営業、設置、プレス、経理でしょうか。営業は作家を担当して展覧会を企画したりアレンジしたりします。搬入出のことや展示に必要なものを揃えるなどは設置チームの人と一緒に進めていきます。プレスと連動してＤＭを作るし、作家のマネジメントもするなど、意外と業務は煩雑です。ギャラリー全体としては、各スタッフが得意分野を生かしてのチームプレーで運営している感じです。

私がギャラリーで働きはじめたのは現代美術業界が登り坂になっていく時期でした。ミヅマ時代、緩やかでしたが少しずつ活気が出て、ＳＣＡＩで働き始めた頃からアートを見て買うことが周知されつつありました。以降、現代アートの作品が売れるようになり、業界全体が底上げされたと思います。ＳＣＡＩもスタッフが増え、業務も分業が進みました。ＳＣＡＩに来た頃はなんでもやっていましたが、今では展示専門のスタッフもいるし、随分楽になりましたね。

英語力を身につける

大学卒業後の最初の職場にて、海外の作家の野外彫刻を設置するという案件が動いていて、突然英語で電話がかかってきました。なんとか用は足せましたが不本意で、慌てて語学学校に通って英語を勉強しました。最初の電話の相手と何度か話しているうち「英語が上達したわね」と褒められたのはうれしかったです。仕事で初めて海外に行ったのは、ミヅマ時代に海外で展覧会があったときだったかと。

現在、海外に出かけることも多いです。だいたいはアジア、欧米を中心に各国で開かれるアートフェアの仕事で、自分たちのブースを設営し、商談します。日本国内だけだと、どうしてもお客様は限られてしまいますし、海外の顧客のほうが多いかもしれません。海外の展覧会に、作家の代わりに行って展示の指示をすることもあります。英語は必要に迫られて身に付けました。アートは作る人も見る人も、購入する人もインターナショナルなので、仕事で英語は必須です。

現代アート界の動向として、アートフェアに出店すれば完売するという時期もあれば、世界的な経済危機が強く影響することも。とはいえ作家達の活動の幅もセールスの状況もまだまだ変化し、広がっていくと思います。表現する素材もどんどん変わっていて映像などを使った作品も増えています。大きな展覧会になるとインスタレーションや仕掛けの大きい作品が好まれる傾向がありますが、地道に作られた立体や彫刻、絵画にも頑張ってほしいです。個人的には手仕事の作品を信頼したいところがありますね。

憧れの作家たちとともに

普段から時間を見つけてなるべく多くの作品に触れようと意識し、展覧会には出来るだけ行くようにしています。今のアートシーンはどうなっているのか。生で作品を見ると、画像や図版だけでは分からなかった感触を実感します。作品を紹介し説明して販売するのは、作品を見た時の感動を伝えられないと難しい。けれども現代アートばっかりずっと見ていると疲れてしまうので、たまには美術館で古典に触れてリフレッシュです。

あまり考えたことはなかったですけれど、ギャラリーで二〇年近くも働き続けているのは、この仕事が向いていたのかもしれません。ギャラリーでは、今面白いと思った現象をすぐに取り上げることができます。また一人の作家と長く付き合って、ステップアップの過程に立ち会えるのも魅力です。公共の場への作品設置や、美術館への恒久設置作品の制作など、ギャラリーの域を超えた業務もしてきました。ヘルメットをかぶって工事現場へ通ったりするのも面白いものです。

この仕事に就いて、スケール感のある作家達と出会えるきっかけをたくさんもらいました。高校生時代に夢中になったハイレッド・センターのメンバーや、二十代の頃に海外の展覧会で見て感激したアニッシュ・カプーア、大学の先輩のお父様である李禹煥さん、誰もが知る横尾忠則さん等々。インターナショナルに活躍している作家達と一緒に仕事をすることになったのは光栄に思います。

昔からアートくらいにしか興味がなく、英語が出来ないくせに、海外にあちこち行ってみたいと思っていました。どうやら、それなりに夢がかなって働いているみたいです。

長年愛用しているアドレス帳

校閲者

集中力を高めて掴むもの

松倉宏子（鷗来堂）

私、去年の三月に一度鷗来堂を辞めたんです。十二年も勤めた会社を退社してテレビの業界の校正に鞍替えしてみたら、想像していたのとは違う世界が広がっていました。「自分にはわくわくできなかった」という社会人としてはちょっと恥ずかしい理由で、今年の一月に出戻りをしました。

＊＊＊＊＊

大学は文学部で国文学専攻です。本を読むのは好きでした。そんなに真面目な学生ではなかったので、学生時代はバイトに精を出していて、ずっとファミレスでバイトをしていました。私、人見知りなんですけど職場の環境が良かったんです。学生だけど接客について真剣に考える機会をもらって、向いてないのに就職活動も接客方面で探していました。でも、バイトを離れると途端に視界が狭くて、あまりホスピタリティの精神がないことに気が付いて。その方面で働くのは諦めました。卒業する頃は就職状況はあんまり良くはなかったですね。卒業後もバイトをしながら就活をしているような人が多かったです。私も卒業してすぐは就職をせず、しばらくして酒類販売卸の会社での仕事を見つけて三年ぐらい働いていました。その会社は困ったことに給料が上がらないんです。残業代は出るんですけど、仕事に慣れてくると早く仕事が終わってしまうから給料が下がるという状況です。なんだかなあというときに、日本エディタースクールの夏休みの1日講座を知り、校正の講座に参加してみました。突き合わせをしたら簡単そうに見えて全然できていないんです。これはおもしろい！　と思って、仕事を辞めてエディタースクールの昼間部に通うことにしました。

校閲者の世界に

スクールはわりとのんびりしているように感じました。私はこのままでいいのか、ちょっと心配になって、夏休みに校正の会社でバイトができないか探してみることにしました。インターネットで鷗来堂のブログを見て、バイトさせてもらえないかメールをしてみたら、社長から電話がかかってきて、ひとまずテストを受けることになりました。テストは実際のゲラ（校正刷り）を校正することでした。ゲラには一見してわかるような間違いが全くなくて、「本当に動いているゲラはきれいなんだな」と思いました。スクールのは問題だから間違いが埋まっているんだって。ほとんど書き込みもなくゲラを戻したら、現役の校正者が校正した同じゲラを見せてくれました。指摘でぎっしりです。見るべきポイントはこんなにあったんだということにショックを受けていたら、社長に、今の状態だと正規の校正者として雇うのは難しいけど、夏休み中にがんばって勉強してみる？　と助け舟をだしてもらって。本屋さんのバイトもしていたので掛け持ちで勉強させてもらいました。

当時の鷗来堂は、小さいアパートの一室です。友だちには「大丈夫なの？」と心配されていました。社員は社長と男性社員一人の二人です。

社長は営業に出かけて、アパートで社員と二人、しーんとした中でひたすらゲラを読み、たまに配達に出かけて。夏の終わりに大口の仕事が入ったらしいこともあって、今度は「このまま鷗来堂で働いてみない？」と誘ってもらいました。スクールは中退して、校正の仕事を教えてもらいながら働くことになります。

働き始めは、任された仕事とは別に、校正者の指摘が入ったゲラをとにかくたくさん見ました。ゲラの書き込みを見て校正の仕事を学びます。社員の人を始め、現役の校正者から、間接的にいろいろ教えてもらったことになりますね。

数をこなしていくうちに、ゲラの傾向が見えてきて、それに添った指摘を出せるようになったり、微妙な用字用語の使い分けのボーダーラインが自分の中に引けたり、よくある誤植や誤用のデータのストックができていきました。私は読むことが好きなんですけど、集中して読むのはとりわけ楽しいですね。集中して何かを掴むのが好きなんです。

ファミレスのバイト時代、忙しい店内でも、集中すると遠くの方で絨毯の上に箸が落ちた音が聞こえるんです。お冷やのグラスが空になって氷だけがカラカラ鳴る音とか。校正しているときも、水の中に潜って両手両足を広げて全身で不純物（誤植など）を浚っていくようなイメージで集中しています。その時間に充実を感じています。

最初は自分の指摘に自信がなかったんですけど、いつも見てくれていた社員が、私の初校ゲラを読んで、指摘を見るのが楽しいと言ってくれて。それが自信になりました。

慣れたな、もう一人で大丈夫となったのは、会社に人が増えてきて、自分が読み合わせをするようになった二年目ぐらいでしょうか。同じゲラを読み、どういう指摘があるのか見てもらってきたんですけど、今度は相手の指摘をチェックする立場になりました。

壁に向かって集中

エディタースクールを辞めるときに、事務の方から「これから校正の仕事をするなら、本をいっぱい読むといいですよ」とアドバイスをもらいました。それもあって読書は、今まで手を伸ばしていなかったジャンルの本も読むようにしています。

仕事はずっと忙しいですね。会社は引っ越しを重ねてあれよあれよと大きくなりました。今、社内に校閲者は十人以上います。校閲室はしーんとして静かです。ほとんどみんな壁に向かう机の配置なんです。壁を向いてゲラに向き合っています。

ゲラを読むときは、文章に定規を当ててペン先で一字一字押さえながら進めていきます。そういう風にすれば目を離したすきに数行先に飛んでしまうようなことはないので。

媒体によって校正のコツは異なり、例えばウェブのニュースサイトの校正は時間との勝負でファクトチェックを進めます。

使う辞書は電子辞書をメインに、校閲室には各種辞書が一式揃っているのでそこから探し、ネットのオンライン辞書も併用しています。

校正の仕事は冷静な推理考察の世界でもあって、例えば、コートを着ているから今は冬だろう、なんでかき氷食べているの？　と、ズバリ季節が書いていなくても描写から季節

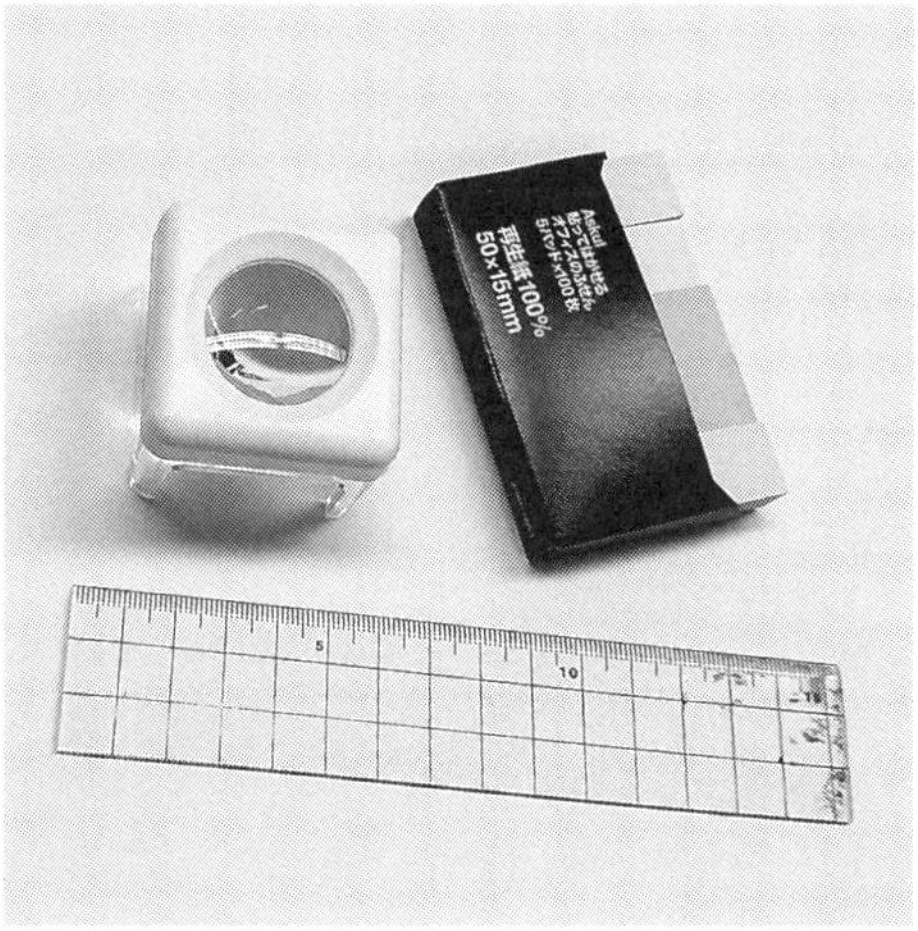

複雑なつくりの漢字はルーペで確認

や背景を推測していきます。

転職を考える

鷗来堂で十二年勤めたところで、興味があったテレビ番組のテロップの校正の仕事に鞍替えをしてみました。どちらを選んでも後悔する性格なので、やりたいと思ったときにやっておいた方がいいなって。

ニュースやバラエティ番組のテロップを専門に校正する仕事です。鷗来堂で長年働いていて、あまりにも他の校正の世界を知らないなあと、興味があるなら今動いてみないと後悔しそうだなと思って。鷗来堂で関わってきた校正と、テレビ番組の校正の世界は全く別物でした。テレビは一時的なものなので、表現云々というよりも文字や情報の正確性が求められ、何より時間に追われます。私は深く沈み込める校正が向いていると気が付きました。媒体が違うと、校正がここまで違うとは思いませんでした。

半年しか続かず、結局戻ってきてしまいました。また別の会社を探すというのも考えたんですけど、鷗来堂ではいろんな会社のゲラを見ることができるんですよね。あちこちのルールの違うゲラを読むことができるのは貴重な機会であることに気づきました。

鷗来堂を退社してから、半年ぐらいは求職活動をしながら休暇気分で、深夜バスに乗って初めて京都に一人旅したり。改めてエディタースクールの問題集を買い、校正の仕事も派遣会社に登録して単発でしてました。継続して触れていないと力がどんどん落ちてしまいそうで、意識的に時間を空けないようにしていました。

校正者になってからは校正に関する本を読むことはあまりなかったんですけど、この期間に改めて校正の専門書や、飯間浩明さんの本を読んで、特に辞書に対しての興味が今更ながら湧いています。飯間さんが言葉じりを捉えて色々と書いている本があって、校正者と近い視点を感じるんだけど、やっぱりそれぞれ終着点が違ったりしていておもしろいなと思ったりして。

ひっかかる言葉

学生の頃、卒論を書くために新聞を読んでいたら、社説で小学生の同級生殺害事件を扱っていたんです。「事件になった舞台は〜」という文章があって、「舞台」はフィクションの世界のものなのではないだろうか、なんで現実に起こった事件に対して使っているんだろうと違和感を覚えました。そのひっかかりは今の自分の仕事観につながっているのかも。

この間、趣味で読んでいた本に「救出劇ということばに胸がざわわざした」みたいな文章があって、同じように感じる人もいるんだなと探していた答えが見つかった気がしました。

入社したときに社長がみんなに「どういう校正をしていきたいの」と聞いたことがあったんです。私はエンピツで出した指摘全部に赤丸（採用）がもらえるようにしたいって思っていました。でも、だんだん変わってきました。そういうことだけじゃないんですよね。それこそ単純誤植だけを指摘していれば、確実に一見すると満点です。でも実際は確認をしながら、「いや、違う」と言われるかなと思いながらも最初の読者として疑問を出すことで、修正が入ってくることもあります。より本が良くなっていくような校正をしていきたいと思います。

電卓もけっこう出番があります

代表兼オーナーシェフ

食べ物は記憶

鹿毛静穂（肉とハーブ　マツノヤ　東京・荻窪）

私は高校を中退してしまって、すぐに働き始めました。飲食は、白金にあったギーガーバーというお店でお酒を作っていたのが最初です。二十歳ぐらいの頃です。一応シェイカーをカシャカシャして、ボディコンにワンレグで八センチのハイヒール履いて。ブランド品が闊歩している時代、おしゃれをするのに欲しいものが増えてきて見つけた仕事です。イベント・コンパニオンのバイトもしていたんですけど、コンパニオンの仕事は不定期だし、見栄の張合いもつらくなっちゃって、ギーガーバーに移ったんです。H．R．ギーガーがデザインを手がけたバブリーなお店でした。バブルが始まったような時で、お店は白金トンネルを出た所。昔は駅がなかったから、広尾からバスかタクシーで通っていました。一緒に働いている子に誘われて次は銀座のクラブで働き出します。銀座には二年半ぐらいいいました。その頃はママが自分で経営しているオーナーママのお店がたくさんありました。一つのお店に長くいたわけじゃなくて、時給の高いところにどんどん移って。でも、美容室代や衣裳代、帰りのタクシー代とかかるお金もけっこうあって、そんなに残らないんですよ。頑張って貯金しましたけど。銀座で働くなら、身につけるものもそれ相応じゃないとお客様に舐められてしまいます。装飾品にはお金をかけていました。

この頃は母が暮らす西葛西から銀座に通っていました。電車を逃したらタクシー代が一万円ぐらいかかっちゃいます。終電を逃したときは夜中に六本木まで行って朝まで時間をつぶしてました。お金を貯めていたのは車が欲しかったからなんです。当時、私の周りにいる人はみんな車を持っていたんですよね。ローンを組んでBMWを手に入れました。BMWにした理由のひとつは、下取り価格がいいからです。両親が離婚して苦労していたので、何かあった時のために保険をかけておきたかったんです。

会社員になる

父はカメラマンで、ラボ屋さんもやっていて、新宿で従業員が六〇人ぐらいいる会社を経営していました。父から会社に入って跡を継いでくれと頼まれて、銀座のクラブを辞めることに。弟は公務員になっていたこともあり、断れなくて会社員になりました。特別待遇はなく、普通のペーペーからスタートです。写真のことは全然知らなくて。昔はデジタルじゃないからネガを預かって現像して、画像処理をしてという業務です。私は営業をしていました。頑張っていたんだけど、ちょっと色々あって会社は辞めることになりました。

銀座で働いている頃はお酒はあまり飲めなかったんだけど、仕事帰りに会社近くの二丁目のお店に通っていたら飲めるようになりました。行きつけのお店の店長に、うちでバイトしない？　と誘われて、今度は二丁目のバーでアルバイトを始めます。飲食に気持ちは向かいつつあったんだけど、食べ物屋さんには興味はありませんでした。私は料理をしないし、母も料理が得意じゃない人だったし。アルバイトをしながら貯金を切り崩して暮らしていました。

肉料理のお店

あるとき芝ゴルフ練習場で打っていたら、コルムのすごい時計をしている人がいたんです。コルムはバブルの時に人気があった高級時計。時計に見覚えがあってよく顔を見たら、銀座時代のお客様です。あら、お久しぶりです、なんて言葉を交わしました。帰りに彼がゴルフクラブを車に積んでいたんだけど、車はなんと軽トラでした。フェラーリで銀座に乗りつけるような人だったのに。その人は、「一からやり直しだよ。ゴルフに行くお金は無いけど、この練習場には来たいんだ」って。バブルの頃、芝ゴルフ練習場はステイタスだったんです。続けて「焼き鳥屋をやろうと思う。お肉は値段が安定していて高騰しないからいいぞ」って。その人がその後どうしたかは知らないんだけど、その言葉だけは覚えていて、私も手元にあるお金でお肉料理のお店を開こうと思い立ちました。

そろそろチャラチャラしてられないなあとも思って、飲食店を知ろうと飲食店でバイトをします。お料理が主軸のお店ですけど、まだ作る方には興味はありませんでした。厨房って忙しそうだし、手も荒れそう。ホールの接客だったらできるかなと思ったんだけど、最初のお店は三日でクビになりました。窓ガラスはまともに拭けない、料理は運べないし、ひっくり返す。このとき、三十歳を過ぎていましたね。困っていたら馴染みの焼肉屋さんのママが手を差し伸べてくれて、お店で働かせてくれたの。飲食店のバイトの仕事をいろいろ教えてくれました。

焼肉屋さんのバイトで自信をつけて、それから焼き鳥屋さんでバイトを始めました。厨房には入らないで、ホールの接客係です。そうやって何店かで働いてみました。一人でやっているお店なら、どうやって回しているのか。メニューは？　働いている人たちの管理は？　ってあれこれ情報収集をして。店長さんと仲良くしてお店にお中元とお歳暮を送っていると、みなさんよくしてくれて、辞めた後でも相談に乗ってくれました。バイトさんからお中元が届くというのが新鮮でよかったみたい。最後は老舗を見たくて老舗の居酒屋へ、それとフランス料理を知りたくて知人の紹介でフレンチの厨房に十日間だけ入れてもらいました。フォアグラを使うようなお洒落な焼き鳥屋さんにしようって考えていたんです。

物件探しは難航しましたね。希望の条件に合うところが見つからなくて一年半かかりました。広すぎず、小さすぎず。家賃は高すぎず。三〇席を目安に探していました。一緒に働いてくれるバイトさんも同時に探して。

念願の焼き鳥屋

お店を自分で開くにはどうしたらいいのか。いろんなお店で働いてみて自信がついてきて、物件も見つかり、いよいよです。新宿に焼き鳥屋さんを開店しました。

お店を始めてから営業は順調でした。困ったのが厨房です。この期に及んでも私はほとんど料理をしなかったんだけど、銀座時代を始め、おいしいものを食べに行く機会がたくさんあって、すっかり舌が肥えていて。食べ物は記憶だと思うんですよね。私が望む料理を作ってくれる料理人がなかなか見つからないんです。

　ダメ出しばかりするから料理人とうまくいくわけがない。あるとき、予約がたくさん入っている日に板前さんが出て行っちゃって。「そんなに言うなら、自分で作ってください」って。予約は入っている、料理はできないけどなんとかしないといけない。リサーチをしてあるからできるかと思っていたんだけど、そんなにうまくいくわけないんです。動線からムダだらけで動けません。こんなに辛いことはなかったです。ぼろぼろ泣きながら、甘く考えていたなと反省しました。

　ストレスからふっと気が遠くなって、突発性難聴になってしまい入院することに。病室で友人に「自分で料理しないとお店を続けるのは厳しいんじゃないの」と言われました。そうか、自分で料理をしようと、猛勉強です。自分の理想とする料理人に出合えないから、自分で作ることにしたんです。

　お店を始めて八年ぐらい経った頃からは、自分が厨房に入って仕切るようになりました。厨房にはガラス張りの壁も仕立てて。そうしてうまく行っていたんですけど、開店から十五年目に転機が訪れます。頼りにしている従業員の女の子が二人いたんだけど、その年の十一月に二人ともお店を辞めることになってしまって。しかも十一月には大切なお客様の予約が二件も入っていました。お店って従業員さんがいないと動かないんです。自分が疲れていたこともあって、もう無理だと決断して、私のお店は閉めることにしました。お店はずっとバイトをしていた一人に譲りました。

フランチャイズの洗礼

さあどうしよう。自分のお店を切り盛りして、求人を出して従業員を集めるのにも疲れてしまって、こんどはフランチャイズのお店で働くことにしたんです。頑張って本部に入りました。四〇代後半で、これも辛かったです。忙しさが尋常じゃないんです。食器やらで怪我をしても忙しすぎて休めない。包帯を巻いて働くという職場です。ここでまた涙が出てきました。自分のお店をしていた時、最後の頃は料理が嫌いになっていたんです。疲れちゃって、お客様が来ても無感動。フランチャイズはメニューも考えないでいいから楽だと思っていたんだけど、甘くなかったですね。

そんなときに、不動産屋で働いている知人が「やり直すのに店舗を探してあげる」ってこの荻窪の物件を探し出してくれたんです。荻窪にはほとんど来たことがなかったんだけど、ここは駅から徒歩一分。お肉の修業も始めていたから、よし、と決めました。やっぱりゴルフ場で会った人の言葉から離れられなくて、お肉料理を極めようと、勉強をしていたんです。

いいものをおいしく

二〇一八年の春に「肉とハーブ　マツノヤ」を開きました。うちの売りは炭火焼です。炭火焼ですって表向き言っていても薪で焼いているところが多いんですよ。私は、日本ならではの備長炭でお肉料理を出すことにしたんです。

席数は二十席ぐらい。二人で切り盛りするのにちょうどいいです。お客様は地元の方が中心で、ご夫婦で来てくれる方も多いですね。一緒に働いている成田さんは新宿のお店の近くのバーの店主です。年を取ったからバーは疲れたって合流してくれました。

いい輸入業者さんと取引ができることになったことが、お肉料理の幅を広げるきっかけになりました。みんな国産にこだわるけれど、フランス産とかヨーロッパのお肉も良質でおいしいです。ハトもウズラも見事ですよ。ジビエ料理って少しくらい固くても匂いがあっても許容範囲とされるようなところがあるけれど、私は作るからにはおいしいジビエを提供したいと思って、「いいものをおいしく」を追求しています。

お料理って調理法なんです。お寿司も握り手が変わると同じ鮪じゃないみたい。いくらいいお肉を使っていても、調理法が追い付いていなかったらもったいないです。

今は、居心地のいい場所を作ることができて、なんというか落ち着いているかしら。お店のお休みは週に一日だけ。そのうち休暇を取りたいです。

余談なんだけど、新宿時代の震災後数ヶ月は大変だったんだけど、銀行に助けられました。あの時、都心は人の姿が消えてガラガラだったんです。余震もあって渋谷も新宿もだめ。郊外はたくさん人がいるってお客さんが教えてくれました。震災から三か月間、一日の売上が五千円を超えた日がなかったんです。たまたま震災前にお願いしていた融資が震災直後におりて、なんとかなりました。その分を取り戻すのに後から大変だったんだけど。

居心地のいい店

仕事ってどこまでも勉強です。

同業者の成功がうらやましくなることもあるけれど、これが私の人生だなって思っています。

肉とハーブ　マツノヤ荻窪店　東京都杉並区荻窪5－29－8　2F（荻窪駅すぐ）

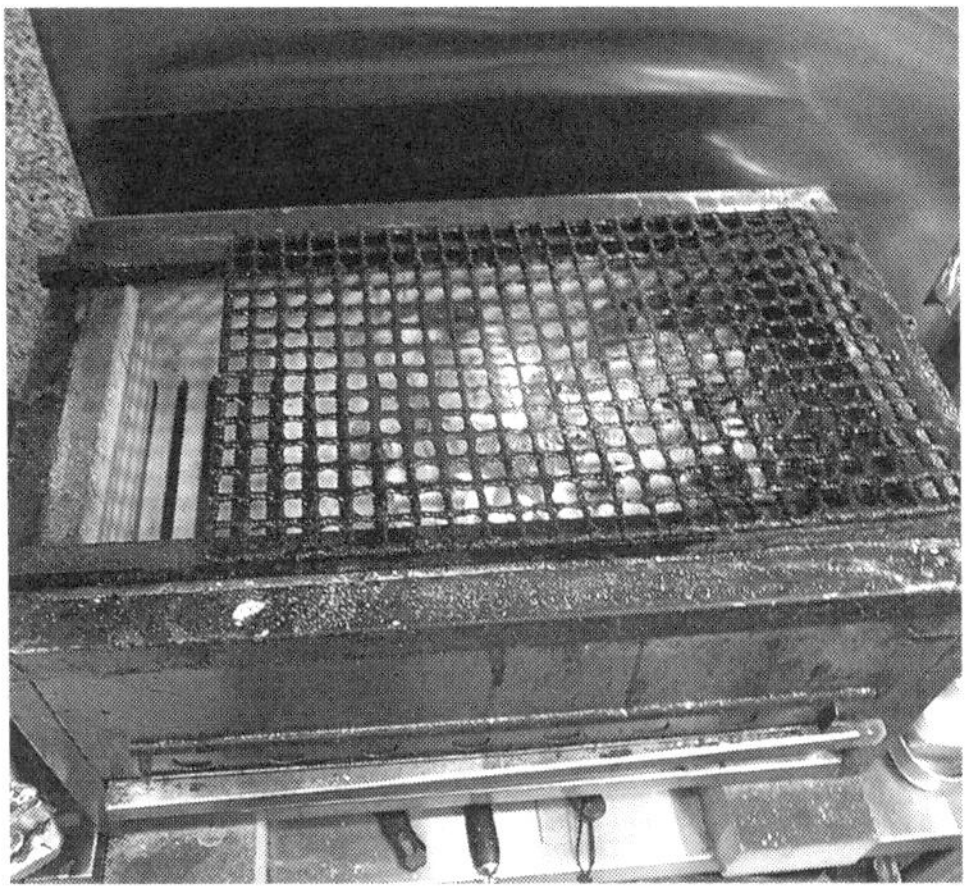

店を支える備長炭のコンロ

理容師

お客様の表情が明るくなるのがうれしくて

小倉和子（ヘアーサロンオグラ）

見て習って修行を積む

十五歳のときからずっとこの仕事です。うちは実家が理容店で、母が理容師でした。母は父の家に嫁いでから学んで理容師の仕事を手にしたんです。すごいなあと思っていましたね。実家は父方のおじいちゃんが髪を切るけれど、父はサラリーマンでした。

中学を卒業してから理容師の資格を取るために、理容学校に一年、卒業してから、修行で理容店に三年間通いました。

修行時代は、朝は早くに来てお店の掃除をします。従業員の人たちのご飯を作って、制服や布類を洗濯して、髪を掃き、お店中を掃除して一日が終わります。夜、八時頃に営業が終わり後片付けと夕飯をいただいて、夜の九時ごろからようやく自分の練習時間が訪れます。まずはシャンプーの練習から。私が修行した理容店では半年ぐらいして初めてお客様の洗髪をすることができました。昔の見習いは言葉通りで「見て習え」。手とり足とり教えてくれません。不意打ちでテストがあって、うまく答えられないと「どこ見てたの？」と注意されます。そういう時代でした。そんななかで友達の髪を切ったり、先輩に教えてもらったり一生懸命、仕事を覚えました。お休みの日は研究会。みんなそうだったと思います。

ただ、私は中学生の頃から実家のお店を手伝っていたので、修行先ではなかなかお客様の髪に触れることができなかったけれど、実家のお店では、バリカンで同級生の頭を坊主にする練習をしていました。丸刈りだけじゃなくって少し髪を残す髪型にするなど変化もつけてあげて。けっこうたくさん同級生の頭を刈りましたね。

修行時代の三年目、十八歳のときに母の具合が悪くなってしまって、実家に戻ったんです。急遽、私が店を切り盛りすることになりました。そのときも研究会には欠かさず参加していましたね。週のまん中に木曜会というのがあって、木曜の夜は九時頃から十一時まで仲間との勉強会がありました。流行の髪形を知ったり、情報交換をしたり。女の人は私ひとりだったんだけど、みんないい人でよく教えてくれました。

二十八歳のときに主人と結婚してヘアーサロンオグラ（埼玉県八潮市）に来ました。母が亡くなり実家のお店はたたみ、以来、ここでずーっと理容師をしています。

いろんな方の髪型を切りそろえて喜んでもらうという楽しい仕事です。若いころは楽しいというよりは勉強、勉強で、お客さんの思うように切るためにいつも研究していました。休みの日は理容師仲間の研究会があって、そこでは先生がカットするのを見せてもらったり、今みたいにウィッグがないから、お互いに髪を切って練習したり、友だちの髪を切らせてもらったり。みんな研究熱心でした。

ニューヘアーといって、毎年新しい流行のスタイルが出てくるんです。そのカットの仕方を教えてもらう。今でも毎日が勉強ですよ。

明治から続く理容店

お店の営業日は、朝五時半くらいに起きて、洗濯をしたりご飯を作ったり家事をしています。主人が九時からお店を開けてくれて、私は朝九時半からお店に入ります。以前は八時から始めていたのですが、昨年、主人が七十歳になったのを機に九時始業にして、お店のお休みも毎週月曜と火曜の二日間です。それまでは週休二日は月に二回だけでした。お昼は、お客様の途切れた時にささっと済ませるの。十八時までにお客様の予約が入らなかったらその日は閉店です。一時間ぐらい片づけをして一日が終わります。昔よりは全然楽になりましたね。今の年齢にちょうどいいくらいです。

昔からの馴染みの方が今でも遠くから通ってきてくれています。ヘアーサロンオグラは主人が四代目。ちょんまげの髪結いから断髪で大忙しの明治から続いているので昔なじみのお客様がたくさんいるんです。お孫さんを連れてきてくれることもよくありますよ。代々通ってきてくれます。

昔はお店だけで大忙しでした。バブルの頃はとくにすごくて、いつも夕方から忙しくなりました。子どもたちにはかわいそうなことをしましたね。お店が終わらないとお夕飯の支度もできないんです。学校の話を聞いてあげる時間もあまりなくて、ようやく深夜に落ち着くと、寝顔をのぞいては「ごめんね」って声をかけていました。暮れの時期なんて、夜中までお客さんが途絶えないんです。子どもたちが成人したあとは義理の両親の介護も始まって、髪を切りながらも、おばあちゃんのご飯をどうしようか、なんて考えていて。忙しいってそういうことなんですね。

病院で髪を切る

私はお店の仕事とは別に、病院や老人ホームにいる方や在宅で寝たきりの方の髪を切る出張サービスもしています。火曜、木曜、金曜は病院の仕事があれば出かけますし、月曜は老人ホーム三カ所、それと月に一回だけうかがう寝たきりのお家もあります。今は、お店はそんなに忙しくないから、ケアの仕事にも時間を割くことができて。若い頃からボランティアで障害者センターに髪を切りに行っていたので、ここに来てからもそういう仕事を探していました。息子が小学生になった頃から続けています。普段のお店での仕事と同じようにはいきません。お客様の症状もいろいろだから、慣れるまで四、五年はかかりました。

そういうことをしているのが周囲に知られるようになって、ケアマネージャーさんの紹介や、他の老人ホームや病院、在宅の方から依頼を受けては市内あちこちに足を運んでいます。そのときは主人にお店を任せて。ケア理容師の資格を取ったのは五十歳ぐらいのときだったかしら。車いすから下ろしてあげたり、寝たきりの方の髪を切る時にはどうしたらいいのか、といったことを研修で習いました。

理容室でカットするのとは全く違う状況です。椅子やお客様の体勢からしていろいろですし、鏡がないところもあります。それとのんびりはできないんです。お客様が疲れてしまうから、すばやく、ていねいに。簡単なことではないですね。手抜きにはならないように、努力しています。

髪を切ってもらう時って緊張しますよね。寝たきりの方や病院にいる方はとくに緊張なさると思うんです。だから私たちはお客様が緊張しないで済むように気をつけています。相手の気持ちを汲み取って、場が和むように話しかけます。結局は人間がしていることですから。私も義理の両親の介護をしていたので、介護される方の気持ちも少しは分かるんですよ。それで話がはずむこともよくあります。

髪を整えてあげると、みなさん表情が変わります。パッと明るくなるんです。その瞬間は私もうれしくなりますね。

楽な作業ではありませんから、軽い気持ちでは続けられません。あとに続いてくれる人に育ってもらいたくて一生懸命やっています。もうすぐ七十歳になりますけど、いくつまで続けられるかしら。「そろそろ切りに来てもらえますか」とお電話をいただくとうれしいです。

いつも初心で

今は一番、楽ですね。技術が昔より身についているので、仕事をしていても楽になりました。覚えながら作業をするのと、覚えていることをするのでは全然ちがうから。修行のころは大変だったけど、覚えちゃえば応用も利きますしね。今はすいすい手が動いて、楽しいです。腱鞘炎はずっと抱えていて職業病かなと思います。でも、仕事をしている時は痛くならないんですよ。大丈夫なの。

カットをし終わるとお客さんの様子が変わります。うれしそうな顔で「ありがとう」って、よろこんで帰ってくれて。お客さんがそういう風に思える仕事をしなくちゃいけないなって、いつも考えています。慣れたらいけませんね。ちょっと手を抜いてしまうかもしれない。いつも初心で。気持ちはいつも新たに、ということを気をつけています。

飽きることはないですね。同じ人の髪を毎月切っても、いつも違うんです。私はこの仕事が好きだから辞めたいと思ったことはなく、何年か前から純粋に楽しくなりました。子どもたちが独立して、介護も終え、自由になったからかしら。以前は従業員もいたけど、今は主人とふたり、自分たちの手が届くちょうどいい範囲でやっています。やりたいことをやりたいようにできていて、仕事に感謝しています。

月に二日は完全なお休みの日にしていて、この二日間はお仕事はしません。家事をしたり、お友達と会ったり。私は二月二八日生まれで、主人は二七日なの。孫も二月生まれなので、二月はみんなで誕生日会をします。にぎやかですよ。

手入れの行き届いた仕事道具

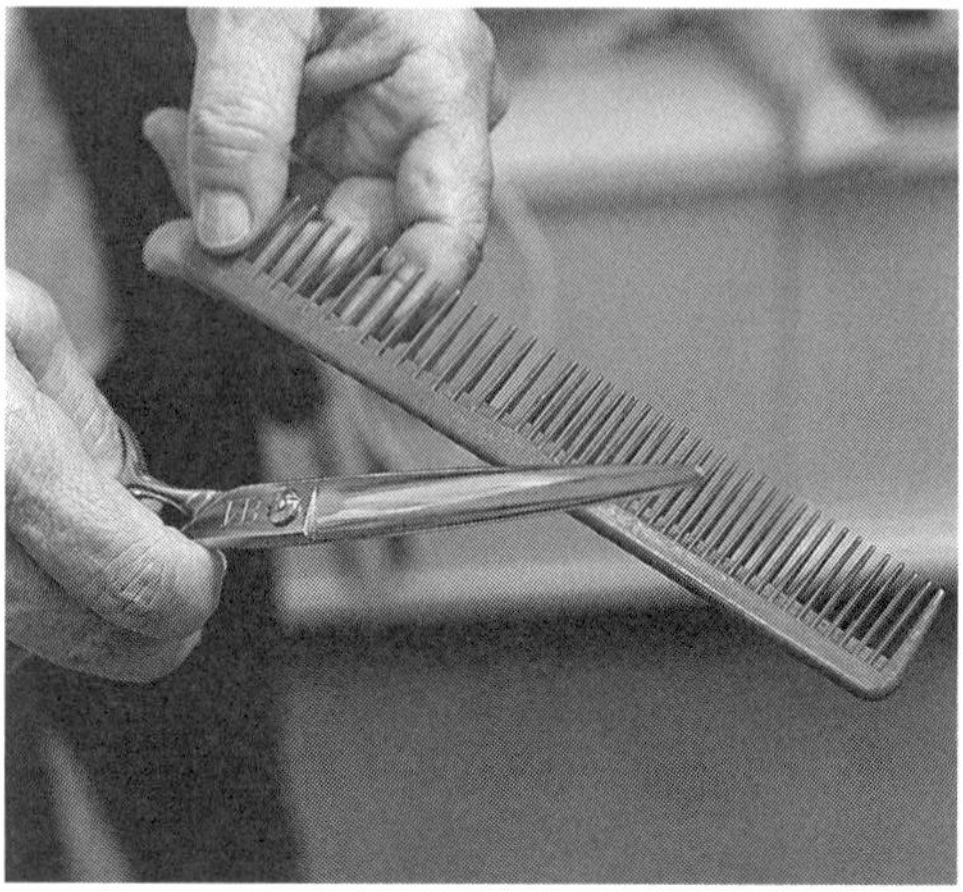

働くわたし
ブックガイド

働くわたし ブックガイド

働くわたしの来た道

山本貴光

1. 男のくせに

小学生のとき、不思議に思ったことがある。どうして音楽室にかかっている作曲家たちの肖像は男だらけなんだろう。といっても、自発的にそう思ったのではない。

その頃私はピアノ教室に通っていて、学校では男子たちから「男のくせにピアノなんか弾いて」とからかわれていた。たしかにピアノ教室の生徒はほとんど女子だった。彼らからすれば、ピアノは女の子のものに見えたのだろう。

でも、それならどうして学校の音楽室の壁には、モーツァルト、ベートーヴェン、ショパンと、男性の肖像ばかり並んでいるのか。女性の作曲家はいなかったのか。ついでながら私は二度転校したこともあって、都合三つのピアノ教室に通った。偶然かもしれないけれど、先生はいずれも女性だった。「男のくせにピアノ」という言いぐさと音楽室の肖像画とピアノ教室の先生。ちぐはぐに見えるこれらの関係をどう考えたらよいのか、当時は皆目見当がつかなかった。一九八〇年代のことである。

実際はどうか。作曲家に女性がいなかったわけではない。アーロン・I・コーエンという人が編んだ『国際女性作曲家事典（International Encyclopedia of Women Composers）』（初版、一九八一年）の第二版（一九八七年）では、世界中からおよそ六二〇〇人の女性の作曲家に関する情報を集めている。いなかったのではない。伝えられてこなかったのだ。

なぜそうなったのだろう。小林緑編著『**女性作曲家列伝**』（平凡社、一九九九）を読むと、その一端が分かる。同書では、バルバラ・ストロッツィという一七世紀のイタリアで活動した作曲家で歌手だった人物を筆頭に一五人の作曲家の生涯と仕事を紹介している。そこではヨーロッパやアメリカで、女性が作曲家として活動する困難が幾重にも描かれている。例えば、アルマ・シントラー＝マーラー（一八七九—一九六四）

のように、自身も多くの作曲を手がけていながら、グスタフ・マーラーと結婚する際、今後は作曲をやめて自分の音楽のためだけに生きるようにと求められたケースはその典型である。どうやら音の構築物である音楽をつくる仕事は、男性のものという考え方が支配的だったようだ。

これは欧米の場合だが、「日本の女性作曲家」と題された最終章では、明治期から昭和初期までに活動した幸田延《のぶ》、松島彝《つね》、金井喜久子、吉田隆子、外山道子、渡鏡子という六人の女性たちにスポットを当てている。もともと日本では、歌舞音曲は男の仕事ではないとされる風潮があり、とりわけ音楽教育と演奏の分野では圧倒的に女性が多かったという。それにもかかわらず、作曲についてはヨーロッパと同様、戦後に至るまで男性中心社会だった。さまざまな障害や摩擦のなかで音楽家として活動する彼女たちは、まさに道なき道を切り開いたパイオニアだったのだ。

ここで述べたような捻れと言おうか、歪んだ状態が、とりわけ小中学校あたりの西洋クラシック音楽を中心としていた音楽の教科書に反映していたのだろう。二〇世紀以降に登場したロックンロールやポップスのように、男女を問わず活躍するジャンルが当たり前になった現在、子供たちの目には、クラシック音楽やその延長線上にある現代音楽と呼ばれるジャンルの作曲家という仕事はどのように見えているのだろう。

2. 新しいおとな

「わあ、ここにも書き込みが！」と驚きの声をあげたのは、石井桃子（一九〇七―二〇〇八）の蔵書が保存されたかつら文庫でのこと。彼女が訳した、もう何刷めかという本に、鉛筆でたくさんの書き込みがある。より正確に、より相応しい語感で、音の調子を整える、という徹底した仕事ぶりが紙面から伝わってくるようだ。

『クマのプーさん』、『ピーターラビットのおはなし』、ディック・ブルーナの「うさこちゃん」をはじめ、数々の児童文学の傑作を日本語に翻訳・紹介し、自らも『ノンちゃん雲に乗る』『幻の朱い実』などを書いた石井桃子は、なにより子供の読書の世界と日本語を豊かにしてくれた恩人である。

尾崎真理子『**ひみつの王国――評伝石井桃子**』（新潮文庫、二〇一八）は、二〇〇時間に及ぶというインタヴューや取材を通じて、明治末から平成まで、一世紀にわたる石井桃子の生涯をこまやかに描き出したすばらしい評伝だ。作家が生涯を通じて生み出した作品の数々を目にすると、一体どうやっ

てそのような人になったのか、と素朴な疑問が湧いてくる。やはり小さな頃から目指して努力したからこそ、そうなったのではないかなどと、ついストーリーを想像したくなったりもする。

事実はそんなに理路整然としていない。高校を出たら農家に嫁ぐのが当然という時代に大学へ進んだ彼女は、卒業したら自活するということだけは決めていたという。ただし、当時女性に与えられていた自活の道は、教師になることぐらいだった。ところが教師にはなりたくない。さりとて大学で学んだ英語を活かしたいと考えるものの具体的なあてもない。どうするのだろう、と心配しながら読み進めると、友人が菊池寛のところへ仕事をもらいに行ってみようと誘いに来る。文藝春秋を創立した作家の菊池寛だ。この偶然といえば偶然の出来事から、石井桃子は編集者の道へ、書物と関わる道へ入ってゆく。私たちはこの友人に感謝しなければならない。

ご紹介したいエピソードは山ほどあるのだけれど、もう一つだけ。石井桃子が岩波書店でともに働き、岩波少年文庫を創刊し編集した相棒とでも言うべき人に中村佼子がいる。一九五〇年頃のこと、中村が「結婚したい人がいる」と打ち明けると、石井は祝福ではなく猛反対したという。なぜか。洗濯機も掃除機もない時代である。結婚すれば女性は家事に追われて他に何もできなくなるからだ。ここから翻えれば、石井にとって、自分の人生と仕事をどうやって成り立たせるかということが重要事であった様子も窺える。かつてヴァージニア・ウルフがこう書いていたのが思い出される。「女性が小説を書こうと思うなら、お金と自分一人の部屋を持たねばならない」と。

石井桃子の生涯を追う本書は、例えば、石井が『ドリトル先生』の翻訳を依頼した井伏鱒二をはじめ、山本有三、岸田國士、太宰治、谷崎潤一郎といった作家たち、犬養毅の蔵書整理で訪れた同家での犬養道子たちとの交流やプーさんとの出合いなど、戦前戦後の日本の文壇史や出版史の活写にもなっていて、隅々まで読みどころが満載である。

以上は音楽と文学の例だった。もう一つ別の領域に目を向けてみよう。サイエンスの世界はどうだろうか。

3．女には向かない職業？

これまた私事で恐縮だが、高校三年生になるとき、文系理系のどちらかを選ばなければならず、私は理系を選んだ。男女共学校ながら理系クラスは圧倒的に男子が多かった。そう思って見ると、科学の教科書に登場するのも、ラジウムやポロニウムを発見し、「放射能」という言葉を造ったことで知られるキュリー夫人ことマリ・キュリー（マリア・スクウォドフスカ＝キュリー、一八六七―一九三四）のような例を除けば、多くはなかったと思う。

現在はどうか。ためしに手近にある科学史の本を何冊か開いてみる。コペルニクス、ガリレオ、ケプラー、ニュートン、アインシュタイン……とお馴染みの名前のほとんどは男性だ。科学者に女性はいなかったのか。もう一度先ほどと同じことを言わなければならない。いなかったのではない。伝えられてこなかったのだ。

レイチェル・スワビー**『世界と科学を変えた52人の女性たち』**（堀越英美訳、青土社、二〇一八）には、医学、生物学、環境学、遺伝学、発生学、物理学、地球科学、宇宙科学、数学、技術といった理工系のさまざまな領域で重要な仕事をした女性たちの名前が並ぶ。それぞれについて一〇ページに満たない分量で手際よく記された評伝は、興味を惹かれるところから読むのにうってつけである。

登場する人物から、日本でも比較的知られている名前をいくつか挙げてみよう。海洋生物学者で、後の環境運動に大きな影響を与えた『沈黙の春』の著者でもあるレイチェル・カーソン（一九〇七―一九六四）。DNAを撮影して二重螺旋構造の解明に寄与したにもかかわらず無視された遺伝学者のロザリンド・フランクリン（一九二〇―一九五八）。あるいは史上最初のプログラマーとも呼ばれるエイダ・ラブレス（オーガスタ・バイロン、

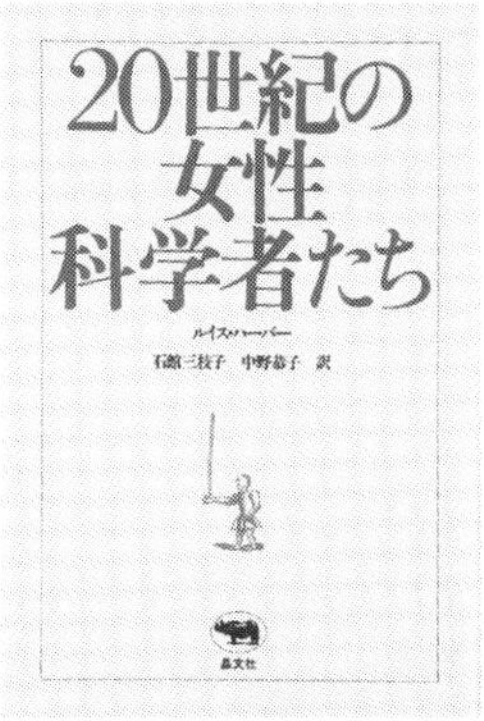

一八一五—一八五二）など。

女性の科学者が科学史に現れないのは、音楽の場合と同様、従来の男性中心社会の影響である。例えば、イギリスのロイヤルソサエティは、いまから三六〇年ほど前の一六六〇年に設立されて現在も活動している科学組織だが、女性メンバーが迎えられたのは、実に一九四五年のこと。

あるいはルイス・ハーバーの『**20世紀の女性科学者たち**』（石館三枝子＋中野恭子訳、晶文社、一九八九）によれば、アメリカの多くの医学部が女子学生に門戸を開いたのは、二〇世紀も半ばを過ぎて、ようやく一九六三年になってからだという。といっても、これはまるで他人事ではない。東京医科大学をはじめとする複数の医科大学の入学試験で、女子学生や浪人生などを不利に扱う不正が発覚したのは二〇一八年である。

いまでこそ制度の上では、性別を問わず理工系の学問を選べるようになっている。とはいえ最初からそうだったわけではない。そもそも日本で西洋流の科学の教育が始まったのは、そう昔のことではない。欧米から自然科学が移入されるのは、江戸期の蘭学から始まるが、現在のような大学などの制度が本格的に整備されたのは明治以降だった。蟻川芳子監修＋日本女子大学理学教育研究会編『**女性理学教育をリードした女性科学者たち――黎明期・明治期後半からの軌跡**』（明石書店、二〇一三）は、副題にも示されているように、明治期以来の女性に対する理学教育がどんな変遷を辿ってきたのかを教えてくれる本である。

一八七二年（明治五年）の学制公布で、ようやく女性に対する教育の端緒が開かれる。とはいえ、女子に科学は害になると言われた時代のこと、すぐさま現在のような状態になったわけではない。一八八六年（明治一九年）の帝国大学令以来、帝国大学は実質的に男性しか入学出来ない状況が長く続いた。一九一三年（大正二年）に規則を改正した東北帝国大学理科大学に、はじめて女性の入学が許される。黒田チカ（化学）、牧田らく（数学）、丹下ウメ（化学）の三人である。当時の文部省から東北帝国大学に、前例のない重大事、一体どういうつもりだと勧告が送りつけられたという。いまから一〇〇年ほど前のことだ。

同書には、こうした女性に対する理学教育の歴史の他、丹下ウメ、大橋廣、鈴木ひでる、奥田富子、道喜美代、高橋憲子、辻キヨといった、日本女子大学にゆかりの科学者たちの評伝や関連資料が集められていて、普段知る機会の少ない、科学の先駆者たちの苦心や時

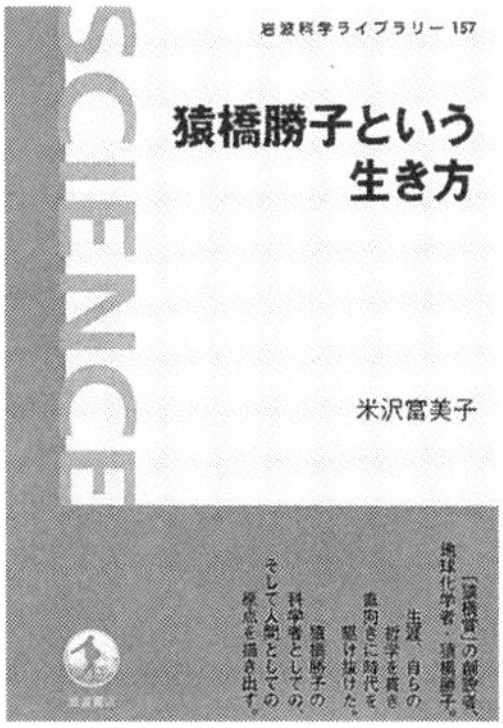

代背景の変化を教えてくれる。

ここに米沢富美子『猿橋勝子という生き方』（岩波書店、二〇〇九）も並べておきたい。猿橋勝子（一九二〇―二〇〇七）は、地球化学者として世界水準の仕事を成し遂げただけでなく、後進の女性科学者たちに道を示した人でもあった。著者の米沢富美子（一九三八―二〇一九）は理論物理学で活躍した人で、一九八四年には猿橋賞を受賞している。この賞は、自然科学の分野で優れた研究業績を挙げた五〇歳未満の女性科学者に与えられるものだ。

評伝は、科学者としての猿橋を象徴するようなエピソードから始まる。一九五四年、太平洋マーシャル諸島のビキニ環礁でアメリカによる水爆実験が行われた。この実験で日本の漁船第五福竜丸の船員たちが被曝する。放射性物質に汚染された海水の分析は日米で行われたが、日本側の測定では高い値が出る。核実験の安全性を主張するアメリカの研究者たちは、日本の測定を誤りだと批判する。そこで同じ海水を使って日米の測定を比べようということになった。このとき日本からアメリカへ派遣されたのが猿橋だった。彼女はそれ以前、第五福竜丸が持ち帰った白い灰の微量分析で手腕を示していた。測定合戦の「勝負」の行方と、彼女がいかにして科学の道を歩んだのかについて、ぜひ同書でご覧あれ。

この魅力的な評伝で、もう一つ目を留めておきたいことがある。子供に対する大人の影響である。猿橋にとって、小学校で出会った三人の女性教師がよきロールモデルとなったという。だが同時に「女子に高等教育は要らない」という親の思い込みが壁となってしまう。

「女性は科学に向いていない」という偏見は、二〇世紀になると「女性の脳は男性の脳とつくりが違うからだ」などという、一見もっともらしい（しかし間違った）説明で補強されるようになる。いまでもネットを検索すれば、女性脳・男性脳の違いといったキーワードで恋愛をうまく進めるには、といった類の記事が山ほど出てくる。分かりやすくて面白いからだろう。だが今日、そういう与太話には「神経神話」とか「神経性差別《ニューロセクシズム》」といった名前がつけられている。というのも、現在の研究ではそこまで明確に男女の脳の違いは認められていないからだ。

神経科学者のジーナ・リッポンによる『ジェンダー化された脳——女性脳の神話を粉砕

する新しい神経科学（The Gendered Brain: The new neuroscience that the myth of the female brain）』（未邦訳、二〇一九）では、そうした神話や偏見がどのように生じてきたか、実際には脳の性差について何が言えるのかという点について、歴史と現状を教えてくれる。女性が科学に向かないという偏見が家族や社会によって生み出される次第についても検討されており、要らぬ思い込みを減らすためにも、翻訳されて広く読まれて欲しい本だ。

4．この国で女であるということ

私たちは大人になると忘れてしまうのだけれど、子供たちやこれから先どうしようかと悩んでいる人にとって、自分たちの前にどんな生き方をした人がいたのかを知ることは、とても大きな手がかりになるものだ。さらには、目指したくなるような憧れの存在を持つことができたら素敵なことである。なにしろ仕事や将来を考えるにしても、そもそも存在さえ知らない職業は選ぶのが難しい。それにもし周囲にいる大人が、自分の思い描く「女の子らしさ」という偏見《バイアス》を押しつけてくるとしても、「あの人がいるではないか」というロールモデルがあれば心の支えにもなるし勇気を与えてもらえる。

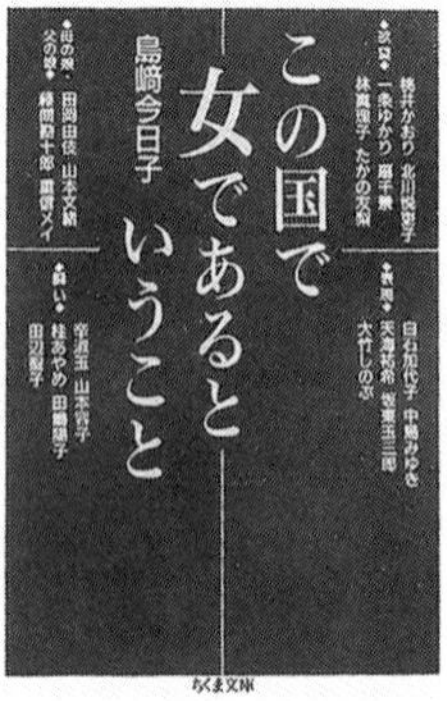

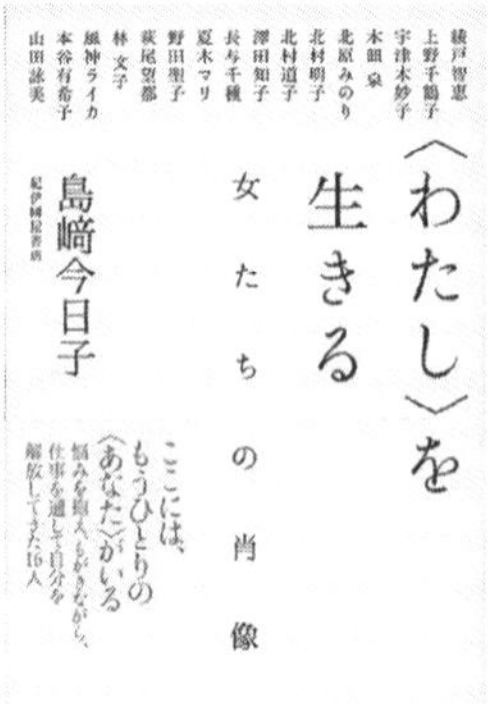

インタヴューの名手として知られる島﨑今日子の『**この国で女であるということ**』（ちくま文庫、二〇〇六）と『**〈わたし〉を生きる——女たちの肖像**』（紀伊國屋書店、二〇一一）は、女優、脚本家、漫画家、政治家、作家をはじめ、職業も世代もさまざまな二〇人と一六人の女性たちに取材して書かれた本だ。登場するのはすでに功成り名を遂げた人たちばかりだし、自分とは無縁の話だと感じたとしても無理はない。でも、著者が言うように「彼女たちと同じ葛藤は、あなたにもある。彼女たちは、また、あなたなのだ。私たちは、同じこの国で、同じ時代を生きているのだ」と考えるなら、彼女たちの生き様のそこかしこに手がかりが見つかるかもしれない。

もう少し等身大で、ということなら、劇団雌猫『**本業はオタクです。——シュミも楽しむあの人の仕事術**』（中央公論新社、二〇一九）はどうだろう。まさにいま現在、働きながらシュミを充実させている人たちに取材した本だ。

二〇代から三〇代の一〇人へのインタヴューを収めた第一章と第二章には、銀行員、看護師、証券会社総務部、戦略コンサルタント、メーカー海外営業、ITエンジニア、マンガ編集者、建築会社、着付師、芸能マネージャー、アニメ制作進行など、各方面で働く女性たちが登場する。いずれも激務に違いない仕事のなかで、一体どうやってシュミの時間をやりくりしているのか。

　そう思って見ると、それぞれの人の「日々の過ごし方」というタイムテーブルが添えてあり、平日と休日（と人によっては夜勤明けの日）の過ごし方の違いも分かる。中には毎日定時で帰る人や、フレックスタイムで時間の融通が利く働き方の人もいる。

　また、インタヴューでは、日頃知りたくてもなかなか知る機会のない、それぞれの職種ならではの具体的な仕事ぶりやシュミとの両立の仕方を詳しく語っていて興味が尽きない。「オタク継続に「収入の安定」は不可欠」「わからないことをそのままにしない」など、一見当たり前に見える助言も、実践している人たちから聞くと説得力が違う。

　バンド、舞台、コスプレ、二・五次元、アイドル、ディズニー、俳優、アニメ、海外旅行、漫画、ゲームなど、多様なシュミを楽しむ「オタク女子」たちの生き様を見せてくれるこの本、自分はオタクじゃないよという人には縁遠い世界に見えるかもしれない。

でもこう考えてみたらどうだろう。彼女たちが取り組んでいるのは、生活のなかで自分がコントロールできる範囲をどうやってつくり維持するか、そのうえでどうやって自分にとってのしあわせを追求できるか、そういう課題だ。この本で言われている「シュミ」を、仕事以外で私的に楽しむ時間と置き換えてみれば、オタクかどうかにかかわらず、自分と重ねながらあれこれ可能性に思いを巡らせるきっかけにもなるはず。

なによりかにより「そういう生き方もありなんだ！」と思えることが得がたい。お互いの生き方を教えあうような、こういう本がもっと増えるといいなと思う。そう、まさにこの『働くわたし』がそうであるように。

働くわたし　ブックガイド

信じる道を、ひたむきに
――原田マハを読む――

佐藤寛子

執筆とアート、両方の分野で精力的に活動し、唯一無二の存在感を放つ女性がいる。画家アンリ・ルソーを題材とした『楽園のカンヴァス』や、ピカソの有名絵画がモチーフの『暗幕のゲルニカ』、印象派の画家たちが登場する『ジヴェルニーの食卓』など、自身の代表作となる作品を次々に発表し、アート小説というジャンルでゆるぎない地位を築き上げた、小説家の原田マハだ。

彼女についてはまず、その経歴に目が行ってしまう。

伊藤忠商事株式会社、森ビル株式会社・森美術館設立準備室、ニューヨーク近代美術館

（ＭｏＭＡ）といった一流の舞台でアートコンサルタントとしてキャリアを積み、その上いずれも積極的な売り込みと働きぶりの度胸を買われて手にした縁だというから感嘆せずにいられない。会社に勤めながら早稲田大学第二文学部美術史科に通い、本人いわく「人生最高の勉強量」で学芸員の資格も取得。類いまれな才能と並外れた努力があってこそ実を結んだに違いないけれども、なにより強い気持ちを持って、自分の道を切り開いていく力が圧倒的である。

さらに「いちばんやりたいことを40代でなしとげる」と思い切り、40歳を迎えたころ会社をバッサリ辞め、フリーのキュレーターとして独立した。その後ほどなくして小説家デビューを果たすことになったのだが、彼女のこれまでのユニークな歩みについて知ることができるのが、**『フーテンのマハ』**（集英社文庫）というエッセイだ。

かつて仕事で日本各地、世界各国を飛び回り、三日にあげず出張をこなすほどだったという、まさに女性たち憧れのキャリアウーマン！

そのイメージかと思いきや、後輩の男子に「原田さんってマグロっぽいですよね」と言われたエピソードが笑いを誘う。

とにかく根っからの「移動」フェチで、生きるために泳ぎ続け、移動し続けるマグロのように、絶え間なく(家の中では椅子の位置さえも)移動し、小説家に転身後もほぼ自宅にいないことから「フーテンのマハ」を自称するようになったという。

本書は、時にヘンなモノを買ってしまうひとり旅や、旧知の女友だちとの十数年続く恒例旅企画「ぼよグル」、アート小説執筆のための現地取材など、目的やテーマが多岐にわたるあらゆる「旅」について書かれている。意識に飛び込むものすべてにいそがしく心動かされるような軽快で柔軟な文章は、こちらの心まで揉みほぐし、エネルギーをチャージしてくれる。

いまやアート小説の名手として広く知られているけれども、女性の人生や、家族関係、人間関係をテーマにした作品も数多くある。たとえば『**独立記念日**』(PHP文芸文庫)は、様々な場所で迷いや悩みを抱えて生きる女性たちの24の物語を描いた連作短編集だ。

彼女たちは自分の置かれている状況に埋没しかけたり、どこかで身につけた幸せの尺度にとらわれたり、すでに決められてあるかのように思える道の上でときに立ち往生しながらも、人との繋がりを得て、それまですべてだと思っていた自分の世界から徐々に解き放たれていく。

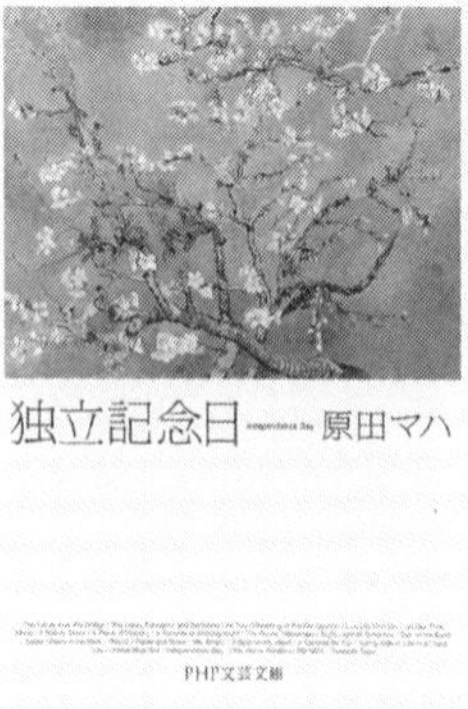

各エピソードは一人称で語られるのだが、その語り手が同一人物ではないのも注目ポイントだ。ある話ではたまたまそこにいたような脇役だった女性が、次の話の語り手として登場する。リレー式に一人称の語りが移っていくという仕組みによって、一見無関係のように思える彼女たちの人生が実はゆるやかに繋がっていることがわかる。

大企業のOL、高校の国語教師、ニュースキャスター、ネイリスト、心療内科医、ホテルのフロントスタッフ……端から見れば何の支障もなくプロとして仕事をこなし、穏やかに暮らしているようでも、互いにままならない日常がある。悩みや苦しみは自分一人のものだと抱えてしまいがちだけれど、そうした思い込みからも「独立」できるよう風を吹き込んでくれる作品だ。世界を見る視点はけっして一つではないのだと、寄り添うようなメッセージが全編を貫いている。

ところで後世に残るアートが伝えているのも、まさにそういうことなのかもしれない。『**原田マハの印象派物語**』（新潮社）では、「愛すべき愚かものたちのセブン・ストーリーズ」と題して、モネ、マネ、ルノワール、セザンヌ、ゴッホなど、言わずと知れた巨匠たちの闘いの生涯と名画の数々について丁寧に足跡を追う。

自分が信じた道を、愚直に、ひたむきに歩み続けるんだ。もしもきみの前に誰もいなかったら、そのほうがいいに決まっている。いちばん前を歩いてゆきなさい。いいね？迷わず、まっすぐに。

彼女が「人生の友」と呼ぶアートたちから受けとった言葉だ。かつての芸術家はどんな場所に生き、どんなふうに世界を見ていたのか。まるでその場にいて、彼らの声を聴きとったかのように書き継がれていく物語に惹きこまれる。

それと同時に、たくさんの美しい絵画と芸術家たちが過ごした風景のカラー写真も見ごたえたっぷりだ。特に、モネゆかりのノルマンディーを旅し、ジヴェルニーの「水の庭」やエトルタの海岸などを訪ねて、文字通り絵の中に入っていくマハさんはとても印象的である。

絵画の枠も踏みこえられるように、遠くて届かないと思っているものもそうとは限らず、あたらしい風景との出会いはいつも自分の中にある。原田マハの著作は、そんなメッセージを伝えてくれる。

働くわたし　ブックガイド

均等法世代のつぶやき
――「用事のない旅」に出る

ムラタタカコ

「生きることはつらい。」（『用事のない旅』産業編集センター）

森まゆみさんは働く女性の大先輩。

地域雑誌『谷根千』の編集人として二十五年も活躍し、時代を切り開いてきた女性の姿を浮き彫りにした著作（『断髪のモダンガール』etc.）など、数々の作品を生み出している方のこの一言です。

「だけど知らない町に身を置くと、そんなしょうもない人生も新しい角度で見えてるくる。知らない町で、荒波を越えて生きてきた人に出会って救われる。」

「いや、生きることこそ、見知らぬ海の大航海、おぼつかなく藪をかき分ける登山にも似ている。」(同書)

ですよね……。まだまだ迷います。

二十二歳から二十年間は海外へ行くお金もヒマもなく、四十三歳で再びパスポートを取って以来、海外へ行きまくったという森まゆみさん。**『用事のない旅』**は忙しく働き、子育てをしてきた先輩による旅案内の本です。

森まゆみさんの旅エッセイは、町をさらに魅力的にする文学や建築、歴史の足跡が散りばめられているから楽しい。その地を訪れる前に、目を通しておきたい本も見つかります。とりわけ本書には働く女性が一人旅に行きたくなるヒントがいっぱい。

働く女性について。私の場合は二十代、三十代半ばまではがむしゃらに働きまくって、三十代後半、四十代は家庭に入りました。

そして五十代、再び働く女性となりました。同級生をはじめ同世代の女性を眺めてみると、生き方は多様で掴みどころがないようです。シングルでバリバリ、仕事と家庭を両立、専業主婦、趣味を仕事に。

働く女性の大先輩方が苦労してきたのとはまた違って、自分で生き方を選ぶことができ始めている世代でもあるのでしょう。自分はバリバリから、専業主婦、そしてまたバリバリに復帰というパターンです。

八十年代の女子大生ブームから女子高生ブームと、なんだか女子がチヤホヤされていた時代に女子高生をしていました。その最中、一九八六年に男女雇用機会均等法が施行。女子のチヤホヤには違和感があったけど、「均等法」のニュースなど、時代が開かれていく空気を感じました。自分も好きなことをして生きていくんだ!と意気込んではいたけれど、根が適当なので、がむしゃらに勉強なんかしません。ゆるっと大学受験。

時代は激しい受験競争時代のピークにあたり、当然失敗。これまたなんとなく浪人します。バブルの真っ最中でもあったので、なんとかなるだろうと一浪で大学に入ったのが八九年。これが天下の分かれ目となったのでした……。

一九九〇年の株価大暴落、一九九二年の日経平均株価二万円台割れ、地価の十七年振り下落でバブル崩壊が決定的になり、それまで、アホみたいに売り手市場だったのに、なんと突然、就職氷河期に！　わずか一年の違いでぷっつりと、です。現役で大学に入学した高校の同級生たちは、よりどりみどりでホイホイと就職したのに。

「ばかだねえ。去年だったら、どこでも入れたのに……」と哀れまれたのでした。

突然の就職氷河期、でもバブルの残り香はある。そんな時だったから当時はフリーターなんていって非正規雇用で生きていくのも一つの選択肢として、かっこいいとされていました。私も就活で三十社以上落ちて自棄になり、フリーターになる決意をしたところで、ひょんなことからとある小さな制作会社に入社。そこからがむしゃら仕事道へ突入したわけです。

男女雇用機会均等法が影響を与えた就活で、主に大企業の採用に登場したのが「総合職」「一般職」という枠です。女子はいずれかを選んで受けていました。

「総合職」は、昇進、残業、転勤もありでバリバリ働くコース！

「一般職」は、主に事務系のお仕事で、結婚したらほぼやめるコース！

「結婚したら退職」を前提に就職って、時代を感じます。この会社の人と結婚したいから受ける、この会社だとモテるかも。そんな会話もよく耳にしました。そして就活バブル期の先輩でも、女性で総合職を選ぶ人は少なかったのでした。

「○○さん、総合職で△△に入ったらしいよ。」と噂になるくらい。変な制度だったなあ、と思っていたら続いているんですね。びっくり。

そして今は男女関係なく「一般職」を希望する人も多いと聞いて、なるほど、とも。

そんな、上がったり、下がったりを経験している同世代の女性たち、現場でそれぞれの活躍を手にしています。

そういえば、私も二十年くらい海外にいっていない。そろそろ『用事のない旅』に出かけないと！

働くわたし　ブックガイド

「自由」への情熱

――谷洋子の知られざる生涯――

佐藤寛子

海外旅行さえ遠い話だった一九五〇年代、たった一人海を渡り、花咲かせた日本女性がいた。

『パリの「赤いバラ」といわれた女』（さくら舎）は、戦後、パリを拠点に活躍した日本初の国際女優・谷洋子の知られざる生涯に迫る。その祖母は日本画家・鏑木清方の代表作『築地明石町』のモデルとなった明治美人。二十歳のときにパリで洋子を産んだ母は、大正・昭和初期の典型的なモダンガールで、婦人運動家の秘書も務めた才女である。美と知性のDNAを受け継いだ洋子が、「自由」を求めて文化規制の厳しい戦後の日本を脱出し、世界の文化をリードする街、また出生の地でもあるパリに身一つで飛び込んだところから語られていく。

パリの最高位キャバレー〈クレイジー・ホース〉でのストリップショー、フランスの人気二枚目俳優ロラン・ルザッフルとの運命的な出会い、国際的な映画女優としてのデビュー、監督マルセル・カルネとの親交……といった華やかな生活が明かされつつ、同時代を生きた文化人・芸術家として須賀敦子や岸惠子、アラン・ドロンやローランサンなどが登場する。

日本の作品との縁は薄く、今やほとんど知られていない女優となったが、「戦争を挟んで新旧の日本の女の価値観が変わる時代」に、正面から挑んだ女性だった。各方面に並外れた奔放さを発揮しながらも、母から学んだ「日本の女としての良識」にプライドを持ち、教養や優しさ、努力と忍耐も持ち合わせていたという彼女の言葉には、有無を言わさぬ強い意志を感じる。
世間の目だとか、常識だとか、そんなきれいごとで、自分

の気持ちをおさえるのは大嫌い。自分の思うままに生きたいわ。

パリに生まれパリに死した洋子は、半世紀は変化しない最高級のエンバーミングを望み、今もなお、美しいままに眠っているという。激動のなか最期まで自らの美学を貫き通した彼女の一生は、現代の女性にも色褪せない情熱を届けるにちがいない。

カバーの作品

刺繡＝ipnot（ホームページ www.ipnot.info　Twitter @ipnot）
　モデルは福本奈津子さん（獣医　十勝ばんえいクリニック）

撮影（ヘアーサロンオグラ）
石垣星児

デザイン、カバー撮影
松本孝一（イニュニック）

働くわたし

２０１９年８月30日　初版第１刷発行

編者　本の雑誌編集部
発行人　浜本 茂
発行所　株式会社 本の雑誌社
〒１０１-００５１
東京都千代田区神田神保町１-37 友田三和ビル
電話　０３（３２９５）１０７１
振替　００１５０-３-５０３７８

印刷　中央精版印刷株式会社

定価はカバーに表示してあります

ISBN 978-4-86011-433-6 C0095